Oliver Dürrschmidt

Olli erklärt:
IT für Alle

Olli erklärt: IT für Alle

Oliver Dürrschmidt

Bibliografische Information der Deutschen Nationalbibliothek: Die Deutsche Nationalbibliothek verzeichnet diese Publikation in der Deutschen Nationalbibliografie; detaillierte bibliografische Daten sind im Internet über http://dnb.dnb.de abrufbar.

Grafiken: Heide Dürrschmidt-Baur

Verlag: BoD · Books on Demand GmbH, In de Tarpen 42, 22848 Norderstedt

Druck: Libri Plureos GmbH, Friedensallee 273, 22763 Hamburg

ISBN: 978-3-7597-9679-0

Den Überblick behalten

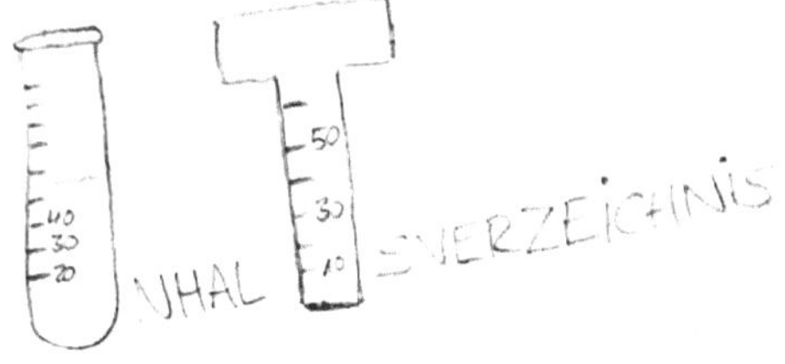

Das (übliche) 

Manche schreiben so ein Vorwort auch erst am Ende. Wenn Ihnen das so lieber ist, reißen Sie die Seite hier raus und kleben Sie diese wieder am Ende ein.

Dies ist das Kapitel, in dem immer jeder Autor jedem dankt, der ihn in der Schule nicht mit dem Kopf ins Klo gesteckt hat oder beim Abschlussball die Freundin ausgespannt hat. Wir kennen das auch von fast allen großen Preisverleihungen. „Ich danke meinem Manager, meinem Friseur, meinem Visagisten und überhaupt…"

Ich hingegen danke wie fast alle Normalos erstmal meinen Eltern. Nicht für den Klavierunterricht, die Schauspielschule oder sonst irgendwas Teures. Nein, einfach dafür, dass Sie mir nichts mitgegeben haben.
Nichts außer der Freiheit, mich zu entwickeln, wie ich wollte. Ich hoffe dieses Erbe gebe ich auch genauso an meine Kids weiter.

Der nächste Dank gilt meinen beiden Deutschlehrern Christa Oehl und Kurt Krause. Sie hat meine Karriere bereits früh eingegrenzt. Aus mir wird nichts! Entweder ich ende an der Kasse vom Discounter oder ich gehe zur Zeitung. So Ihre Prognose. Naja, Zeitung war es dann nicht, aber fast. Jahrelang Presse- und Öffentlichkeitsarbeit im Verein, Hier und da

Publikationen im Beruf und dann irgendwann beruflich auch
noch Blog-Autor.
"Kurtchen" wie wir ihn heimlich nannten hat hingegen bei
mir pädagogisch voll danebengelegen. Er hat mich als "normalen" Schüler gesehen und behandelt. Als einer der wenigen Lehrer der Schule.
Danke Kurt Krause, dass Sie mich nicht eingebremst haben
und Danke Christa Oehl, die mir verdammt viel "unnützes
Zeug" wie Gedichten und Grammatikregeln auswendig lernen und Literatur lesen beigebracht hat. Heute bin ich darüber froh. Das gab viel Hintergrundwissen und Training.
Und Frauen kann man auf Dauer doch ehr mir ein paar Zita-
ten als Geschichten aus dem Fußball imponieren.

Genauso froh bin ich, damals die Informatik-AG von Bernd
Mütze gewählt zu haben und nicht die Sport- oder Hauswirt-
schafts-AG. Zwar hat das Abwählen von Sport nicht zu meiner Beliebtheit beim anderen Geschlecht beigetragen, aber
es hat mir einen beruflichen Vorsprung verschafft. Wenn ich
mir hingegen den damaligen Sport-Helden der Schule an-
sehe, der heute noch dicker ist als ich und nicht viel mehr
auf die Reihe bekommt, als Erster beim Bierreißen auf dem
Stadtfest zu sein.

Dann denk ich doch lieber an die Zeit 1983-1985 zurück, als
wir die Nerds der Schule waren und es nicht wussten. Der
Begriff kam ja erst weit später. Aber genauso seltsam waren
wir da schon.
Danke an diese Lehrer.

Kommen wir zu den Frauen, denen man immer dankt. Da
gilt der erste Dank natürlich meiner Frau, die mich so nimmt
wie ich bin (Frauen sind eben doch härter als man denkt).
Sie selbst bringt mich oft genug auf dumme Gedanken, die

ich dann in solche Ergüsse wie dieses Buch einfließen lasse.
Sie war es, die mich dann auch final ermutigt hat, das Projekt "Buch" anzugehen und die eine oder andere Grafik beigesteuert hat. Sie erträgt meine Art von Humor nun schon fast ein viertel Jahrhundert und war deshalb noch nicht beim Scheidungsanwalt oder in psychologischer Behandlung.

Manchmal denke ich , Sie mag mich.

Das beruht allerdings auch auf Gegenseitigkeit. Mit keinem Menschen kann ich so oft und viel lachen.

Kommen wir zu weiteren Frauen in meinem Leben.
Meine Ex-Frau, ehemalige Freundinnen und den Mädels, die mich nicht wollten. Ihr alle habt mich mehr oder weniger lang und in der eine oder anderen Art geformt. Vielleicht war nicht alles optimal, aber ich denke, sie alle haben dazu beigetragen, dass ich so bin, wie ich bin. Und manch eine formt noch heute als gute Freundin mit an mir oder sagt mir zumindest, wo ich wieder total neben raus lauf.

Ein weiterer Meilenstein in meiner fachlichen Entwicklung, der auch zu dieser Art von Schreibstil beigetragen hat, war mein alter Gruppenleiter Oliver Thun. Ein Nerd der feinsten Sorte. Aber er konnte das, was ihn umtrieb auch immer recht gut erklären und Begeisterung wecken. Eigentlich dann schon wieder kein Nerd.

Last but not least gilt mein Dank den anderen Kollegen im G'schäft (schwäbisch für Unternehmen) , die mich ermutigt haben dieses Buch zu schreiben. Immer wieder habe ich gehört, dass ich selbst die trockensten Themen so locker, humorvoll und leicht verständlich rüberbringe. Ich solle Schriftsteller werden. Ob Sie das gesagt haben weil Sie es so

meinten oder nur gehofft haben mich so los zu werden ist
nicht überliefert.
Wer sich hier wiedererkennt und womöglich das Buch gekauft hat, der darf sich gerne melden. Bei einem Kaffee sig-
niere ich es gerne persönlich.
Bitte habt aber Verständnis dafür , wenn es etwas dauert.
Ich nuss jetzt erstmal die Filmrechte mit Universal verhan-
deln und die Sache mit dem Merchandise angehen.

Da mir schon weitere Ideen im Kopf rumschwirrren, wird es
wohl nicht bei diesem einen Buch bleiben. Also seien Sie mir
wohl gesonnen und ich werde Sie vielleicht im nächsten
Buch auch erwähnen.

Mein Dank also noch mal ganz formal

Meinen Eltern - Für Alles
Meinen Lehrern - Christa Oehl, Bernd Mütze und Kurt Krause
für die Grobformung
Oliver Thun für die fachliche Vorformung meiner Person
Ehemaligen Frauen und Weggefährt(inn)en in meinem Le-
ben
Den Kolleg(inn)en im Geschäft für die Anregung zum Buch
Meiner Kollegin Dani Wendl für die Motivation zum Buch

Und ganz besonders meiner Frau Heide
Für Motivation, Anregungen, die Grafiken

... und vor allem die alltägliche Geduld mit mir

Über dieses Buch
- Warum schreibt man sowas?

Sollten Sie das Buch für sich selbst gekauft haben, um endlich die IT zu verstehen, dürfen Sie dieses Kapitel gern überspringen.

Kennen Sie das auch? Weihnachten, Geburtstag oder sonst ein Event, bei dem Sie statt Ruhe, die Sippe um sich haben? Nix mit der 30. Wiederholung von Sisi "Schicksalsjahren als Kaiserin" bei einem Schnäpschen, kein Ekel Alfred Sylvester-Special oder sonst etwas zur Zerstreuung.
Stattdessen Onkel Gustav und Tante Uschi mit gierigen Blicken auf Geburtstagskuchen oder Weihnachtsbraten. Gustav der Geizhals hat Ihnen mal wieder eine seiner alten Krawatten vererbt statt endlich die Finka auf Mallorca zu überschreiben und Schluck-Uschi haut sich den 7. Sekt rein, um Gustav zu ertragen.
Sie selbst können gar nicht so viel trinken wie sie wollen oder müssten, um das zu ertragen.

Ein Hoch auf die Familie!!!
Das lässt dann nur noch toppen, wenn dann "endlich" wieder eine dieser Fragen kommt.

"Sach ma, machst Du noch immer das mit die Computas?"

"Ich hab da watt ganz kleines, dat muss gehn aber dat dumme Ding will nich."

Und plötzlich wünschen sie sich zurück ins Büro. Da werden sie wenigstens für den Mist bezahlt. Also schneiden Sie jedem noch eine Scheibe vom Braten ab, hauen sich demonstrativ noch laut einen Löffel Kartoffeln auf den Teller und ein weiteres Glas hinter die Binde und lauschen den Problemen der Familie. Ich frage mich dann immer, wie es wäre, wenn man Hautarzt ist? Zeigt dann auch jeder bei Tisch seine Schuppenflechte oder Analekzeme?

Wenn Sie sich jetzt wiedererkannt haben, dann ist dieses Buch für Sie. Nicht, um es zu lesen, sondern um es zu verschenken. Oder es den dumm fragenden einfach um die Ohren zu hauen. Lassen Sie Ihre Sippe die heutige Technik doch mit diesem Buch entdecken und gönnen Sie sich stattdessen noch ein Glas. Oder schreiten Sie gleich mit der/dem Lebensabschnittspartner(in) zum Dessert.
Sie haben keinen? Irgendwo auf Tinder sucht sicher gerade Ihr Gegenstück nach einem Partner zum "Sissi-Saufen"
Das kennen Sie nicht? Das Sissi-Saufen mein ich . Tinder erkläre ich weiter hinten.
Das gebe ich mir immer dann mit Freunden, wenn Gustav und Uschi es geschafft haben meine Nerven blank zu legen.
Das Sissi-Ding mein ich. Tinder kann ich mir nur geben, wenn Frau bei Schwiegermutter ist.

Also,
Man schaut zusammen die Sissi-Filme mit dieser extrem "süßen" Romy Schneider. Jedes Mal, wenn jemand im Film "Eure Majestät" sagt, springen alle auf, schreien "lang lebe die Kaiserin" und hauen sich einen noch süßeren Schnaps rein. Wer als letzte noch stehen kann, ist Sieger.

Jetzt habe ich schon viel davon gesprochen, dass ich der allwissende Nerd meiner Familie bin und wie man einen

Partner findet. Ich bin aber weder Pssy pschy... Geistesdings
äh hier Dings äh Psycho. Und Bill Gates bin ich auch nicht.
Ehr eines seiner langjährigen Opfer.
Ich bin aus der IT und dem Datenschutz. Naja, und aus
Fleisch und Blut. Da ich aber auch allgemein technikaffin
bin, darf ich allen in der Familie alles erklären. Und das ist je
nach Generation eine Herausforderung. Die Kaffeemaschine
hat eine Tastatur, Der/Die/Das Waschmaschine (Gendern
klingt so krank) auch, also sind das Computer.
Dann muss ich das doch wissen. Also warum es nicht wie-
derverwertbar niederschreiben. Und damit es leichter fällt,
versuche ich es mit (deftigem) Humor. Und damit auch wirklich jeder dabeibleibt und nicht wegen Fachbegriffen oder
unnötigen technischen Ausschweifungen das Buch doch
noch verbrennt werde ich einiges stark vereinfachen. Also
nicht gleich schreien, wenn ich Details auslasse.

Wenn Sie einen solchen grauen Balken lesen, dann erwarten
Sie einmal nichts Lustiges oder Geistloses. In diesem Fall
versuche ich einmal etwas ganz spaßbefreit zu erklären, um
den Spaß vorweg oder hintendran besser hervorzuheben.

Hier ein erster Einsatz des Ernst-Grau:

In einem Buch zu einem Fachthema dürfen auch Fachbegriffe nicht fehlen. Sonst hinterfragt man womöglich die
Kompetenz des Autors. Im Bereich der IT ist die Fachspra-
che nicht wie beim Arzt das tote Latein, sondern das "leben-
dige" Englisch. Dieses haben aber viele von Ihnen auch nie
aktiv gelernt und so kommen die schönsten Schmunzler
über die Lippen des Zuhörers, wenn ein englischer Begriff
über Ihre Lippen kommt. Daher schreibe ich hinter solche
Begriffe gerne, wie dieser Begriff ausgesprochen wird.

Wenn Sie an einen Text kommen, welcher **<u>fett und unterstrichen</u>** mit einem Sternchen ist, dann habe ich diesem Begriff einen extra Artikel im Anhang spendiert. Hier würde eine Erläuterung den Rahmen sprengen oder Sie vom Thema ablenken. So wie mich ein kühles Bier von der Gartenarbeit. Häng ich nur ein Sternchen dran, hab ich am Seiten- oder Absatzende noch eine Ergänzung zum besseren Verständnis eingefügt.

Fangen wir also damit an, uns mit unserem (oder besser Ihrem) Feind auseinander zu setzen. Nein, Ich meine weder Ihren Chef, noch Ihren miserablen Nachbarn. Ich meine die Leute, die Ihnen wie mir das Leben zur Hölle machen, weil Sie einfach Dinge nicht verstehen.
Nein, nicht Ihre Teenage-Kinder und die Sache mit dem Zimmer aufräumen. Ich rede von der eingangs erwähnten Tante Uschi und dem alten Geizknochen. Die können einen so nerven, dass man selbst als ehemaliger Messdiener über das lustvoll töten, mit Axt und Hammer nachdenken mag. Und bevor nun jemand die Polizei ruft und mich als potentiellen Gewalttäter meldet:

Ich war nie Messdiener

Grundlagen

Sie wollen also mitreden?
Die Enkel sagen "Oma und Opa haben keine Ahnung"? Sie werden von allen belächelt, wenn Sie von "Mobiltelefon" "tragbarem Computer" oder diesem "Internet" reden, wo man nichts findet?
Da sollten wir also mal ganz vorne anfangen mit den Grundlagen. Sie fahren ja auch nicht gleich Autorennen, bevor Sie gelernt haben, Ihren VW-Golf einzuparken.

Gut, Sie werden nie selbst einen Ölwechsle machen oder die Zündkerzen reinigen. Da haben Sie einen Mechaniker für. Aber Sie sollten wissen, wie viele Reifen Sie am Auto habe und wo die sitzen. Und, dass es teuer wird, wenn Sie den blöden Bock mit Diesel statt Benzin volltanken. Auch wenn das im ersten Schritt ein paar Cent billiger ist.

Hier also eine Schnellbleiche zu allem, was man als zukünftiger Computer-Experte im „Halma-Club 1896 Hintertupfing" wissen sollte, um mitzureden. Aber auch gegenüber Ihren Enkeln, Kindern und den Blagen von nebenan stehen Sie nach diesem Buch besser da und man kann Ihnen nicht einfach immer sagen "Dazu bist DU zu alt" oder "Das verstehst DU eh nicht!".

Mit diesem Buch werden Sie sicher nicht zum Computer Experten. Aber Sie werden Zusammenhänge verstehen und Neugier bekommen, mehr zu entdecken. Nutzen Sie Google und all die anderen Suchmaschinen. Nutzen Sie Künstliche Intelligenz. Die beißen nicht. Die erzählen höchstens mal was Falsches. Aber das tun die Leute in Ihrem Umfeld auch.

Vor allem wenn diese meinen, Sie würden es eh nicht verstehen.

Computer-Nutzer (eine Einteilung)

Jeder kennt aus der Schule noch den Homo
Erectus. Der "aufrechte Mensch".
Damit meinten seine Entdecker jedoch nur seinen aufrechten Gang. Schon damals war die
eine oder andere miese Bazille darunter, die alles andere als aufrecht war. Heute ist kaum
noch jemand aufrecht. Weder charakterlich
noch von der Gangart. Befassen wir uns aber mal nur mit
der orthopädischen Art des Aufrechten. Hier müssen wir jedoch schon aufgrund der Ursache in zweierlei Untergruppen
differenzieren und mit dem Erectus ist es eigentlich so oder
so dahin.

Homo Erectus Nerdus Extremus

Unsere jungen Mitmenschen. Die, denen das ganze Computer-Zeug nicht
extrem genug sein kann und die eigentlich wieder in der Höhle leben.
Nur eben mit elektrischem Licht. Das
sie aber auch wieder nicht nutzen,
weil Sie nur vor der Kiste hocken und
die genug Licht abgibt. Diese Spezies
ernährt sich von Kaffee, Pizza (kalt) und Energie-Drinks.
Was jedoch nicht bedeutet, dass sie ebensolche Energie haben. Da wird das einfache "Geschirr und Wäsche der Reini-
gung zuführen" oft ein Kraftakt, der nicht bewältigt werden
kann.

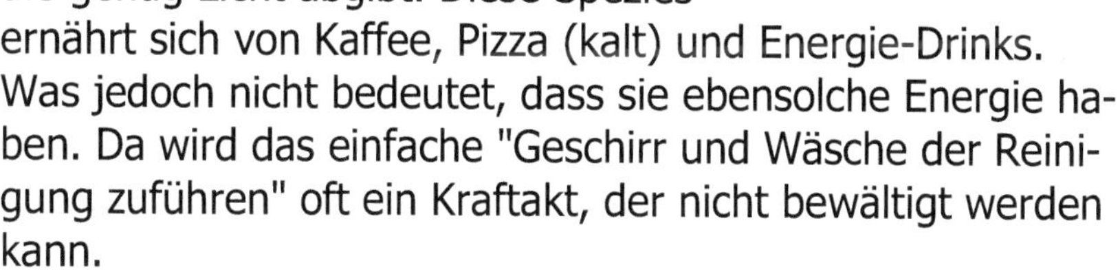

Der Homo Erectus NonTechnikus

(spezifische Gattung Homo Erectus Digitalis Extremus ner-
vus)
Diese Spezies ist in unserer Gesellschaft
(noch) die Mehrheit. Sie geht eigentlich
wieder gebeugt. Gebeugt durch die Last
der Technik. Hat man sich endlich einmal
mit einem "Ding" abgefunden, kommt
gleich ein neueres, besseres und moder-
neres Dings daher. Und da soll man mit
dem eh schon gebeugten Rücken dann
auch wieder auf den Zug aufspringen. Es
gibt Leute, die haben sich endlich an

SMS am Handy und **ICQ*** am PC gewöhnt. Da darf man die
jetzt nicht einfach vor **WhatsApp***, **ChatGPT*** und **Facebook*** setzen, ohne mit deren Kulturschock rechnen zu
müssen. Bei Onkel Gustav und Tante Uschi dürfen Sie hingegen gern mal den Turbo reinlegen. Eventuell erledigt der
Kulturschock dann die Beiden und Sie erben doch noch. Es
kann aber auch sein, dass der Halma-Club der alleinige Be-
günstigte ist.

Also beginnen wir ganz vorne, um diese beiden Spezies zu
verstehen, einzuschätzen und ggf. mehr.

Eine Eigen-Einschätzung

Ich habe mich früher auch zu der ersten
Kategorie gezählt. Stunden-/ nein tage-
lang saß ich in meinem Zimmer vor dem
Computer und war zu nichts anderem zu
gebrachen. Meine Mutter hat mal gesagt,

damals in mein Zimmer zu gehen war für Sie wie IKEA. Man will eigentlich gar nichts, außer mal kurz gucken und kommt mit einem ganzen Berg Textilien, Schüsseln und Gläser wieder raus. Nur gut, dass es in meiner Jugend kaum einen IKEA gab. Sonst hätte Sie mich wohl zu Gunsten des Schweden im Dreck verkommen lassen oder gleich dort im Bällebad abgegeben.

Aber da es keinen IKEA gab, gab es für den kleinen Nerd einen Computer. Ich bin ein Kind der **Commodore-Generation*** und bin mit dem VC20 groß geworden. Der kleine Bruder und Vorgänger des VC64. Damals teurer als heute ein Laptop und mit weit weniger Leistung. Da hat heute ein Thermomix oder eine Personenwaage mehr Rechenleistung zu bieten.

So aber konnte ich mich entsprechend entwickeln und habe früh gelernt, dass diese Kisten eigentlich alles können. Und das nur mit Null und Eins.

Fast so wie die Cousine meines Freundes. Auch eine Null,

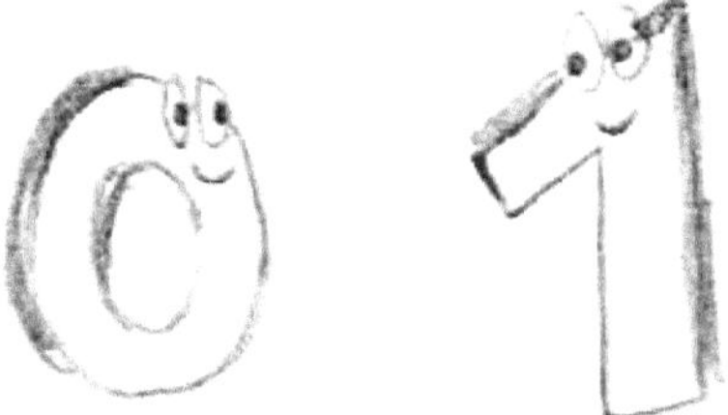

aber die hat alles erreicht. Mit dem Einen.

Damals war aber alles noch etwas ruhiger und entspannter weil lokal. Wir hatten noch kein Internet und Matthew Broderick mit seinem **26k-Modem*** in **"War Games"*** war der digitale Ober-Nerd.

Ungeachtet der grausigen Grafiken auch heute noch ein toller Film mit sogar so etwas wie Tiefgang. Wenn auch höchstens 80cm.

Wir haben damals Programme nicht aus dem Netz **downloaden*** können. Wir haben die Codes noch händisch aus irgendwelchen Computer-Zeitungen abgetippt und danach stundenlang den (Tipp-)Fehler suchen müssen, weil das Teil beim Start kryptische Fehler meldete.
Wenn wir ein Programm dann mal am Laufen hatten (ob abgetippt oder selbst entworfen) haben wir sie auf **Datasetten*** weitergegeben. Das waren normale Musik--Kassetten, auf denen der Code in akustischen Tönen, ähnlich einem Fax-Geräusch gespeichert wurden. Blöd, wenn die zwischen die Musik-Kassetten gerieten und bei einer Part in der voll aufgedrehten Stereo-Anlage landeten.
Vor allem, wenn man endlich mal die süße Kleine aus der Parallelklasse beim Stehblues hatte. Da war die Stimmung dahin.

Fortan habe ich mich über die Jahre immer an der Technik entlang entwickelt und bin (fast) jedem Trend mitgegangen. Ob ich wollte oder nicht.

Ich oute mich: Ich habe auch eine Webseite mit blinkenden Grafiken mein Eigen genannt und war bei **SchülerVZ*** angemeldet. Und höchst illegal war bei mir, dass ich auch bei **StudiVZ*** Mitglied war, obwohl ich weder Student war noch diese Spezies sonderlich mochte.
Ich war schon ein schlimmer Finger.

Andere in meinem Alter waren da irgendwie schnell abgehängt, Die haben schon früh in Ihrem Job bei Finanzamt oder der Post einen 7-16Uhr-Job gehabt und immer das Gleiche gemacht. Aber gut. Jedem das Seine.

Heute muss man schon fast ein Home Erectus Rotaris sein. Einer, der sich in jede Richtung und zu jedem Trend dreht. Die Entwicklung neuer Techniken wird immer schneller und wenn man den neuen Computer beim Elektronik-Discounter aus dem Regal zieht ist er beim Erreichen der Kasse schon ein Auslauf-Modell.
Jeder Pubertierende wirft mit einer Dichte an Fachbegriffen um sich wie man sie früher nur auf einen Ärztekongress hörte. War das Internet früher nur etwas für echte Freaks, ist es heute für jeden ohne große Hürde erreichbar.

Und da kommt dann der Homo Erectus Antikus ins Spiel.

Die Zielgruppe dieses Buches. In den folgenden Kapiteln und Abschnitten versuche ich Sie so weit aufzuschlauen, dass Ihre Enkelkinder sich nicht mehr für Oma und Opa als Digital-Deppen schämen müssen oder wer auch immer Sie wegen Ihres (Un-)Wissens belächelt.
Und eventuell erlernen Sie sogar so viel, dass Sie den Rotzgören mal auf die Finger schauen. Wer weiß, ob es wirklich immer Ihr eigener Fehler ist. Eventuell schieben die kleinen Aasgeier Ihnen auch nur irgend einen Fehler unter, um diesen dann gegen eine kleine Taschengeld-Spritze zu beheben.
Ach, das kennen Sie von deren Vater, der eine Kfz-Werkstatt hat? Na dann ist wenigstens die Vaterschaft sicher bestätigt.

Aber der Kfz-Betrieb ist ein gutes Beispiel. Früher gab es nur mal das Ventilspiel mit einem Vorschlaghammer einzustellen oder das Kühlwasser beim Wasserspeicher des örtlichen Bahnbetriebswerkes nachzufüllen. Da konnten diese

modernen Pferdeabdecker Ihnen nicht das Geld aus der Tasche ziehen. Heute versagt Ihr Blinker und die Mechatroniker müssen dreimal das Steuergerät resetten, eine neue Firmware aufspielen und sonst noch so einiges. Und schnell ist man das ersparte Weihnachtsgeld los.
Seien Sie froh, dass man sie nicht für ganz blöd hält, sonst würden sie vermutlich auch noch Blinker-Flüssigkeit auf der Rechnung finden oder das Befüllen der Ganzjahres-Reifen mit Winter-Luft.

Ein wei**s**er Mann hat mal gesagt, mit der EDV lösen wir die Probleme, die wir ohne die EDV gar nicht hätten. Keine Ahnung, wer er war, aber in dem Satz ist mehr Wahrheit als in jeder Regierungserklärung der letzten Jahre.

Also sehen sie die ganze Technik nicht zu wild und gefährlich.

Und lassen Sie sich nicht unterkriegen.

Der Computer - Das Ding mit allem

Ein kleiner Rückblick

Jeder kennt einen Computer. Irgendwie kommen wir ja nicht um die Dinger herum, mit denen wir die Probleme versuchen zu lösen, die wir ohne Computer oft gar nicht hätten. OK, ich wiederhole mich mit diesem Statement, aber es ist so.

Im Laufe der Zeit haben sich diese stark gewandelt. Sieht man einmal vom Ur-Computer des Konrad Zuse aus des Dreißiger Jahren ab, weil dieser noch mechanisch funktionierte, ist es schon seit Jahrzehnten so, dass ein Computer sich nicht wirklich verändert hat.
Er arbeitet von jeher nach dem EVA-Prinzip (Eingabe-Verarbeitung-Ausgabe) und hat dafür immer eine Tastatur (Eingabe), eine Elektronik (Verarbeitung) und eine Anzeige (Ausgabe). Zuses Modell hatte damals noch riesige Schalter zum Eingeben einzelner Zeichen (arbeitete aber schon wie die heutigen Modelle **binär***), eine mechanische Verarbeitung über Zahnräder und groß wie eine Tischtennisplatte. Heute würde jeder SmartWatch-Hersteller darüber lachen.

Aber er hat damit die Grundlage der heutigen Computer ge-
festigt.

Im Laufe der Jahre nach Zuse wurden die Computer immer
kleiner und leistungsstärker. Als ich seinerzeit meinen ersten
bekam (siehe Index "**Commodore-Generation***")war dieser noch eine Tastatur mit einer Art Kassettenrecorder als
Speicher nebendran und dem normalen dicken Fernseher als
Ausgabe. Dementsprechend oft gab es daheim Mecker von
Mama, wenn ich vor der Glotze saß und Sie Nachrichten
schauen wollte.

Auch hier hat sich nichts geändert, nur dass die Kids heute
nicht mehr das einzige Familien-Juwel im Wohnzimmer bela-
gern müssen sondern statistisch jedes Familienmitglied mehr
als 1,0 Fernseher zur Verfügung hat.

Der damalige Rechner war in der Leistung noch recht mager
und für mich schnell ausgereizt. Mein erster PC kam dann
1989 und ich danke meiner damaligen Freundin noch heute,
dass ich das Monstrum in unsere kleine Wohnung stellen
durfte. Ein "Wunderwerk der Technik" mit einer 20MB-Fest-
platte und einem bernsteinfarbenen Monitor. Nein, nicht das
Gehäuse, sondern die Zeichen. Farbmonitore waren damals
unerschwinglich. Die Tastatur glich schon der heutigen, war
aber wenig ergonomisch, nur mit einem Kabel nutzbar und
hatte nicht die vielen Zusatzfunktionen, die man heute bei
manchen findet. Hätte auch nicht viel gebracht, weil man
weder die Lautstärke ändern musste (es gab nur Piep-Töne)
eine Webcam war Zukunftsmusik und selbst Mäuse nicht unbedingt erforderlich und bezahlbar.

Im Laufe kurzer Zeit kamen dann auch Mäuse in den Bereich
meines knappen Budgets, mit viel Sparen auch Farbe auf
dem Bildschirm und immer neuere, leistungsfähigere Rechner und größere Festplatten. Wenn ich mir heute überlege,
was ich damals „mal so nebenher" in die Bastelei gesteckt
habe, wird mir ganz anders. Heute kauft man mal eben

einen neuen Laptop vom Weihnachtsgeld. Aber damals haben wir uns die einzelnen Bauteile gekauft und das Teil immer wieder modernisiert. Wie so ein schwäbischer Häuslesbauer mit seinem alten Gehöfft. Wenn alles fertig ist, sind 30 Jahre rum und man fängt von vorne an.

Aber auch äußerlich tat sich viel. Waren es am Anfang noch große Kisten auf dem Schreibtisch kam irgendwann ein Cleverle auf die Idee die Dinger einfach hochkant zu bauen und unter den Tisch zu stellen. Damit war der damalige Tower-PC geboren und der Name Tower war Programm. Der Tower (englisch "Tauer" für Turm) war anfänglich so hoch, dass er unter einem Schreibtisch für Kinder fast nicht passte. Das trieb dann die Leute an die Dinger kleiner zu bauen und Midi-Tower zu nennen.
Es kamen langsam immer mehr Drucker auf, die auch wirklich druckten und nicht nur den Nachbarn mit Ihrem Lärm auf den Nerv gingen und das Leben wurde irgendwann bunt dank Farbdruckern.

Meine Kinder denken bei solchen Schilderungen immer was ich früher dachte, wenn Oma vom Krieg erzählte. Nur, die hatten damals nichts, wir hatten Hardware. Und diese Hardware war echte HARTE Ware. Wenn man mit Freunden gemeinsam spielen wollte, musste man das ganze Zeug umständlich abbauen und mit allem zu dem "Gegner" fahren, es dort aufbauen und hoffen, dass sich dessen Eltern nicht über die Stromkosten beschweren und die Haussicherung unser Treffen überlebt. Damals trafen sich echte Spieler in Hallen zu LAN-Partys in denen es dann aussah wie in einer schlecht aufgeräumten Befehlszentrale der NASA. Heute packt man den Rechner nicht einmal mehr ein, sondern zockt über das Internet. Ein Grund, weshalb unsere Kinder auch so kraftlos sind.

Ich habe meinen schweren Röhren-Monitor noch oft genug durch die Gegend gewuchtet. Flachbildschirme kamen erst Ende der Neunziger auf und waren Anfang der Zweitausender endlich bezahlbar. Ähnlich verhielt es sich mit den Laptops. Damals noch Portables genannt, weil sie alles in einem hatten aber noch bockschwer und leistungsschwach waren. Ich will Sie aber nicht zu sehr und zu lang mit meiner Lebensgeschichte langweilen. Das ist der Job meines Friseurs und meiner Frau. Kommen wir also zurück zur Neuzeit und den heutigen Rechnern.

Heutige Computer

Der heutige Computer besteht aus einer Tastatur (englisch Keyboard gesprochen "Kibort"), einer Recheneinheit mit diversen Teilen und einem Monitor, Auch Display (gesprochen "Displäi") genannt. Ob diese nun als einzelne Teile auf Ihrem Schreibtisch stehen oder in einem Notebook klein, transportabel zusammengepackt sind, ist im Prinzip egal. Die großen Modelle haben den Vorteil, dass Sie meist leistungsfähiger sind, sich besser reparieren lassen und man auch mal etwas Altes, gegen etwas Besseres darin austauschen kann.

Kennt man ja vom Auto. Aber mit einem VW-Polo kommen Sie auch ans Ziel. Eben nur etwas langsamer. Dafür können Sie beim alten Polo noch mit dem Schraubendreher den Vergaser einstellen und ggf. selbst austauschen. Beim modernen Polo kommen sie nicht mal an die Schraube und brauchen ein Studium, um den Motor zu verstehen.

Der Prozessor

Die Recheneinheit des Computers besteht auch aus mehreren Teilen, die wir hier auch nur grob beschreiben wollen. Zum einen gibt es da das Mainboard ("Mäinbort") was die wichtigsten Komponenten miteinander verbindet und den Prozessor beheimatet. Das ist das eigentliche Hirn eines Computers. Alles, was rein und raus geht, läuft über den Prozessor. Dank massiver, brutaler und einprägender Werbung dürfte Ihnen hier eventuell Intel als einer der Markführer schon einmal untergekommen sein. In der Hochzeit des Prozessor-Wettrüstens gab es keinen Werbeblock bei RTL und Sat1 in dem nicht das aktuelle Produkt beworben wurde. Da auch RTL2 und andere "Spartensender" Werbung von Intel geschaltet hatten, ist dieser Tech-Konzern auch in bildungsfernen Schichten bekannt.

Diese Prozessoren holen Daten aus dem Speicher (von denen es viele in einem Computer gibt) bearbeiten Sie und schieben sie dahin zurück. Wie im echten Leben sagt man auch lesen und schreiben dazu. Dazwischen verarbeiten Sie das Ganze noch. Stellen Sie es sich vor wie Ihr sonntägliches Mittagessen. Sie schauen in den Kühlschrank und die Vorratskammer. Dann überlegen Sie, was Sie daraus machen

können und kochen etwas, das schließlich auf den Tisch
kommt. Hier holen Sie hingegen Daten vom Festplatten-
Speicher, dem Arbeitsspeicher, verarbeiten die nach Re-
zept/Programm und hauen das Ganze auf einen Monitor, der
so flach ist wie Ihr Teller auf dem Tisch. Aber vergessen wir
die Roulade mit Knödel und bleiben wir bei den Speichern.

Die Speicher ROM/RAM/HDD/SSD/

Das alles sind Speicher.
Endlich mal ein (Fach-)Begriff, den auch sie kennen und der
sogar die gleiche Bedeutung hat wie noch vor hunderten
von Jahren. Damals wurde morgens irgendwer wach und
hatte die Idee, den Ort zum Sammeln von irgendwas nicht
"Dings" sondern "Speicher" zu nennen.
Klar, irgendwann kamen dann wieder die Schwaben dazwischen und annektierten das Wort als Bezeichnung für die
Fläche unter Ihrem Dach. Der normale Deutsche würde sagen "Dachboden".
Aber ausnahmsweise passt der schwäbische Begriff besser.

Auch wenn ich diesem seltsamen Volk nur ungern Recht
gebe, aber höchsten Respekt vor Ihm habe. Das ist auch ein
Speicher. Meist für ungenutzte Dinge.

Also: ob jetzt im Haus (unter dem Dach), auf dem Bauernhof fürs Korn oder im Computer. Ein Speicher beinhaltet

etwas. Im Falle des Computers sind es dann eben Nullen und Einsen, aus denen sich eine Datei, Ein Programm, ein Bild oder was auch immer zusammensetzt.

Und so wie es für das Korn verschiedene Speicher gibt, gibt es diese auch für den Computer.

Erstmal gibt es diesen riesen Speicher - zu vergleichen mit einem Kornspeicher auf dem Bauernhof - in den eine riesige Menge reinpasst. Danach wird das Korn zur Mühle gebracht und gemahlen. Das Mehl speichert man dann (weil kleiner vom Volumen) in Säcken in einem kleineren Lager. Von dort wird es auf den Umwegen von Groß- und Einzelhandel ins Haus gebracht. Und da packt man sich dann ein paar Päckchen auf Vorrat in den Keller.
Manchmal darf es auch "etwas" mehr sein, wie wir unschön während der Corona-Pandemie feststellen konnten, Als jeder sich mit Mehl eingedeckt hatte, als wolle er die ganze Nachbarschaft mit Keksen und Brot beglücken.
Aber das eine oder andere Paket hat Oma Müller sicher im Haus, um spontan zu backen, wenn die bucklige Verwandtschaft sich spontan am Sonntag ansagt, weil man Urlaubsgeld von Omi braucht.
Das ist dann der Massenspeicher der in unserem Computer von einer Festplatte repräsentiert wird. Irgendwann geht Opi dann auf Geheiß von Omi in den Keller und holt ein neues Paket, dass diese dann in die Mehldose in der Küche füllt.
Da ist es schneller erreichbar, als wenn Opi immer in den Keller humpeln muss, um 2 Löffel Mehl für die Melhschwitze zu holen.
Genau so arbeitet auch das Speichersystem im Computer. Daten, die man gerade benötigt, holt man von der Festplatte in den Arbeitsspeicher. Und wenn man sie nicht mehr

braucht, schreibt man sie auf die Platte zurück oder lässt sie einfach verfallen.

Oma würde Ihr Mehl hingegen nicht einfach runterfallen lassen.

Solche Arbeitsspeicher nennen sich RAM was sich aus der Abkürzung des Englischen für die Bezeichnung "wahlfreier Zugriff" herleitet. Einfach gesagt man kann wählen, ob man darauf schreibend oder lesend zugreift.
Anders ist es beim ROM auf den man nur lesend zugreifen kann. Da damit der Einsatz sehr eng begrenzt ist, werden diese Speicher auch nur für Grundfunktionen verwendet, die sich nie ändern.

Wie schon erwähnt, bekommt der Arbeitsspeicher immer die Daten, die er gerade braucht von der Festplatte. Diese waren bis vor einigen Jahren noch durchgehend magnetische Scheiben, die ähnlich einem Plattenspieler mit einem Lesekopf ausgestattet waren. Die Scheiben drehten sich anfangs recht lautstark und langsam - später schneller und leiser - und der Kopf ging an die entsprechenden Stellen herunter und holte die Daten. Ähnlich, wie wenn Sie auf der LP von Elvis immer nur das dritte Lied abspielen.
Diese Festplatten liefen unter dem Begriff HDD für HardDisk-Drive, weil eben echt „harte" Scheiben darin waren. In den letzten Jahren wurden diese dann schrittweise durch SSD SolidStateDisk verdrängt, da diese ohne Motor leiser und auch schneller waren. Zu vergleichen sind diese SSD mit einem riesigen USB-Stick.
Aber die magnetische Festplatte ist noch lange nicht tot, da sie andere Vorzüge hat. Nur, das zu erklären sprengt hier den Rahmen.

Grafikkarte

Nun haben wir das tolle Rezept von Oma und wollen auch sehen, wie es ausschaut. Klar kann ich das ganze beschreiben als "Roulade, braun gebrannt mit violettem Rotkohl und einem dampfenden Knödel" aber so richtig appetitlich wird es erst durch ein Foto.
Und wenn dann noch leichte Dampfschwaden aufsteigen, läuft einem das Wasser im Munde zusammen. Je besser so ein Bild sein soll, desto besser muss die Grafikarte sein, die jeden einzelnen Bildpunkt errechnen und an den Monitor bzw. das Display abgeben soll. Und das können Sie sich ganz einfach einmal vorstellen.
Ein solches Computerbild besteht aus lauter kleinen Punkten. Wenn Sie sich an frühere Zeitungsbilder erinnern, fallen ihnen sicher auch die unterschiedlichen grauen Punkte wieder ein, aus denen solch ein Bild zusammengesetzt war. Genauso verhält es sich auch heute. Nur hat ein Computerbild schnell 2000 und mehr Punkte nebeneinander und 1000 Punkte untereinander. Auch ohne Computer wissen wir, dass das eine Summe von 2 Millionen Punkten ist. Und jeder dieser Punkte hat eine andere Graustufe oder sogar Farbe, aus der sich ähnlich einem Mosaik bei Abstand des Betrachters ein Bild zusammensetzt. Wenn wir dann überlegen, dass ein Video mit zum Beispiel 30 Bildern pro Sekunde über den Bildschirm flimmert, wissen wir, dass die Grafikkarte mit 60 Millionen Informationen pro Sekunde "etwas" zu tun hat.
Wer jetzt genau aufgepasst hat, der hat gemerkt, dass ich zwar die Bildanzahl und die Pixel multipliziert habe, aber die Informationen für die Farbe noch fehlten. Aber damit wollte ich Sie nicht überfordern. Es reicht, wenn der Rechenknecht ins Schwitzen kommt.

Ein-/Ausgabe

Früher hatte man auf dem Mainboard noch extra Bauteile, die eine Ausgabe der Daten an Drucker, Plotter oder sonstige Geräte außerhalb des Gehäuses weitergab. Neues Gerät, Computer aufschrauben, Bauteil einstecken und stundenlang fluchen und probieren, bis das Teil lief. Das ist heute zum Glück durch Standards nicht mehr nötig. Stellen Sie sich das vor wie bei Ihrer Küchenmaschine. Früher war man stolz, wenn man einen Mixer, eine Knetmaschine und einen Fleischwolf hatte. Heute haben sie eine Maschine und viele Aufsätze. Abhängig von diesem Aufsatz weiß die Maschine, wie schnell sie sich drehen soll, ob sie dabei noch rüttelt oder was auch immer. Damals hatte jedes Gerät ein anderes Kabel mit unterschiedlichen Steckern und Buchsen. Und jedes brauchte ein eigenes Stromkabel, heute haben wir den USB-Anschluss, wobei das U für Universell steht und schon alles sagt. Das S und das B stehen für Serieller Bus, aber das ist hier mal unwichtig. Meist versorgen diese Kabel dann auch gleich das angeschlossene Peripherie-Gerät mit Strom aus dem Computer. Schöne neue Welt.

Peripherie-Geräte

War früher die Peripherie (also die Umgebung) auf einen Drucker begrenzt, gibt es heute unzählige mehr oder weniger sinnvolle Gimmicks für den Computer. Die Vielzahl dieser ist fast nicht aufzuzählen. Jeden Tag steht in Asien ein Tüftler auf und erfindet etwas Neues, was ein Novum ist und in keinem Haushalt fehlen darf. Wie eine Heizplatte für die Kaffeetasse oder einen Lüfter für den geplagten Anwender (Neudeutsch auch User genannt). Aber auch sinnvolle Dinge wie eine externe Festplatte, ein 3D-Drucker oder ein CD-Brenner gehören dazu und sind bisweilen hilfreich bis unvermeidlich.

Und wenn man erst an die Möglichkeiten der Eingabe von Daten denkt. Was wären wir heute ohne Maus und Tastatur mit einer Reihe von Zusatzfunktionen und Gimmicks. Mit Tastatur-Befehlen und anderem kann heute kaum noch jemand umgehen, obwohl selbst die modernsten Programme dies noch können. Da nimmt man dann lieber eine Tastatur, die neben den Standard-Tasten noch ein Dutzend zusätzliche Tasten für Irgendwelche frei programmierbaren Befehle hat.

Einplatinen-Computer

Ein Einplatinencomputer und eine Schachtel Zigaretten haben sehr viel miteinander gemeinsam:
Sie sind etwa gleich groß und gleich teuer. Mit dem Unterschied, dass die Schachtel Kippen nach einem Tag oder vielleicht auch zwei aufgebraucht ist und sie wieder losrennen müssen. Der Einplatinencomputer hält weit länger und erleichtert Ihnen das Leben, während die Kippe es verkürzt.
Nein, ich bin kein militanter Nichtraucher, aber es ist so.
Es könnte glatt von einem Schwaben entwickelt sein. Reduziert auf das, was man braucht und billig. Leider gebührt die Ehre jedoch den Briten, wie ich unten noch erklären werde.

Diese kleinen Computer bieten auf einer einzigen Platine in der Größe einer Zigarettenschachtel alles, was sie für bestimmte Anwendungen und Projekte brauchen. Dazu müssen sie lediglich aus dem Internet ein entsprechendes Programm herunterladen und auf dieser Platine installieren.
Wie bereits im Kapitel Betriebssysteme beschrieben, gibt es hier genügend Enthusiasten, die ihre Freizeit dafür opfern (oder keine echte Freizeit zu opfern haben) und spezialisierte Betriebssysteme zur Verfügung stellen. Ob sie damit nun ihre Videosammlung auf der Festplatte organisieren (https://kodi.tv), ihre private Brauerei (www.brewpi.com) betreiben oder einfach nur die Hausbeleuchtung modernisieren. Es bleibt ihnen überlassen. Schnell kann man sich auch für eigene Projekte in die Programmierung einlesen.

Mit diesen Einplatinencomputer verhält es sich ähnlich wie mit einer Modelleisenbahn oder einer weiblichen Brust.

Es war zuerst für die Kinder gedacht und irgendwann haben die erwachsenen Männer entdeckt, dass man damit ganz toll spielen kann.
Mittlerweile gibt es zu dem Thema mehr monatliche Zeitschriften als zur weiblichen Brust (Playboy, Penthouse …) oder zur Modelleisenbahn. Außerdem ist das Netz voll von Anleitungen und fertigen Projekten. Auch die Zubehör-Industrie ist hier eifrig dabei die Bastler zu unterstützen. Sogar Modelleisenbahnen oder LEGO-Technik lassen sich mittlerweile mit solchen Computern steuern, so dass diese Spielsachen wieder sehr interessant für die ältere Generation werden. Wenn Sie es nicht glauben, schauen Sie mal in ein Modelleisenbahn-Geschäft odereinen LEGO-Store.

Für die Brust ist mir übrigens noch kein freies Projekt in dieser Art untergekommen.

Smartphone

Ein kurzer Rückblick in die Telekommunikation

Damals wo man noch 23 Pfennig für ein paar Minuten Innerorts und Mega-Rechnungen für ein Ferngespräch brauchte war irgendwie vieles einfacher.
Da hat man sich erstmal überlegt, ob es nötig ist, den Kumpel aus der Schule gleich mittags wieder anzurufen. Und wenn, dann war es echt "wichtig" und man fasste sich kurz. Heute wird eine halbe Stunde telefoniert und man weiß gerade mal, wo der andere ist und dass er gerade chilled (früher sagte man "rumgammelt und nix tut").
Anfang der neunziger des vergangenen Jahrtausends ging ein Ruck durch die Gesellschaft. Nein, die Wende war schon vorher. Jetzt kam der Fall der Mauer zwischen Arm und Reich. Mussten die Proleten sich vorher die Lacoste und BOSS-Hemden auf dem südost-Europäischen Bazar kaufen und hoffen in der halbdunklen Diskothek mit dem Plagiat nicht aufzufallen, gab es jetzt ein Statussymbol, welches sich jeder leisten konnte.
Das Handy eroberte die Massen.

Anfangs waren die Dinger so schwer, dass ein Tragen in der Jackentasche unweigerlich auf Dauer zu einem Haltungsschaden führte. Laut Kritikern wurde es einem dabei auch warm ums Herz.
Oder die Hoden. Je nachdem, in welcher Region man das Teil trug. Nicht umsonst waren die Geräte damals aufgrund der Sendeleistung noch in Krankenhäusern etc. verboten.

Wenn ich an mein erstes echtes Handy zurück denke werde ich immer ganz wehmütig. Ein AEG-Teleport 9020 mit nur

140g Gewicht. Zuzüglich des Akkus von 110g. Und das auf zierlichen 16,5x 5,5 x 2 cm. Wer jetzt an ein Mega-Tech-Teil denkt wird enttäuscht sein.
Das Ding konnte telefonieren. MEHR NICHT !!!!

Noch nicht mal eine SMS konnte man damit senden. Nur empfangen. Aber ich hab es geliebt. Man war damit wichtig und unabhängig. Und das zählte in meiner damaligen Position. Nein, nicht das (un-)wichtig. Das unabhängig.

Die Teile wurden innerhalb kurzer Zeit immer kleiner. Und leistungsfähiger. Sogar sowas ähnliches wie Spiele gab es auf den Dingern. Aber ehrlich. Ich kenn niemanden, der das Risiko eingegangen ist, seine Augen oder sein Hirn einer Runde Snake zu opfern.

Jedes Jahr kamen neue Handys heraus. Aber immer gleich. Eine Tastatur und irgendwie sowas wie ein Telefon-Hörer. Bis dann Steve Jobs auf die Idee kam, was neues zu machen und dem Volk das IPhone brachte. Nach Moses und den 10 Geboten wohl für das Volk die größte Offenbarung. Und wie immer, wenn einer eine Idee hat….
… kommt der Asiate und kopiert sie.

Naja, ganz so war es diesmal ja nicht. Es waren ehr die Jungs von Google, die nach dem Iphone ein Android-Handy auf den Markt brachten. Aber klar. Auch Google hat (wie Apple) seine Geräte von kleinen asiatischen Händen zusammenbauen lassen. Fortan gab es neben Christ/Moslem, Schalke/Dortmund auch noch die Glaubensstreitigkeit Iphone/Android welche die Massen spaltete. Und das genauso sinnlos wie die beiden anderen Streitigkeiten.

Aber was ist so besonders an diesen Smartphones?

Außer dass Sie ein mobiles Telefon mit einer Glasplatte statt Plastiktasten sind?
Heute sind es ehr Computer mit einem Telefon hinter einer Glasscheibe.

Den kleinen Dingern sind heute keine Grenzen gesetzt. Theoretisch!!! Praktisch ist das wieder das Ding mit dem Hard- und Software-Zusammenspiel. Es gibt dauernd neue Programme für die Geräte. Die setzen aber immer neue Leistungsspitzen und damit Modelle voraus.
Ein Teufelskreis. Wie beim Computer.
Stellen Sie sich vor sie wollen an Ihrem Auto neue bessere Scheibenwischer anbauen und müssen zuerst einen neuen, besseren Motor einbauen. Oder Sie bekommen irgendwann keine neuen Fußmatten mehr, weil Ihr Auto das nicht unterstützt und müssen gleich ein neues Auto kaufen. Bekloppt? Nein. Das ist normal. Zumindest in der Welt der Technik.

Sowohl Apple als auch Google verbesserten die Geräte und auch den Zubehör schneller, als die meisten Kunden sich das Geld für das neue Teil ersparen können. Deshalb haben die Telefon-Netzbetreiber auch die tollen Tarife. Man zahlt jeden Monat Unsummen, um alle zwei Jahre ein neues Handy zu bekommen, das noch besser und noch moderner ist. Aber eigentlich auch nur ein Telefon mit sonst etwas drum herum.

Schauen wir uns doch das Klientel des Handy-Nutzers an, der immer das neueste Modell hat. Entweder ist es ein Technik-Fanatiker oder ein Voll-Idiot. Den Technik-Fanatiker erkennen sie an der schlichten Bekleidung, dem oft seltsamen

Verhalten und der Begeisterung für den neuen Chip mit dieser neuen Technik im Gerät, von dem er jedem in seinem Umfeld vorschwärmt. Der andere Teil sagt nur "Gugscht Du, hab ich das neueste Modell von der Firma XYZ", wissen aber vermutlich nicht einmal, was ich hier mit der Firma XYZ meine. Man erkennt Sie an perfektem Outfit und der Angewohnheit seltsam zu telefonieren. Nicht wie wir es seit gut 100 Jahren machen, sondern in dem Sie das Gerät vor sich halten und hinein brüllen und dann das Unterteil wieder an das Ohr halten.

Sollte wieder erwarten ein Mensch dieser Spezies dieses Buch lesen: Verraten Sie mir, was Sie da machen. Eventuell lerne ich doch etwas dazu und Millionen aufrecht gehende Homo Sapiens liegen seit Jahrzehnten falsch.

OK, ich schweife wieder mal ab. Sorry, das hat schon meine Lehrerin nicht aus mir rausbekommen.

Jetzt haben also auch Sie als technisch nicht so versierter Mensch sich ein Smartphone zugelegt. Weil die Enkel Ihnen gesagt haben, Sie brauchen das. Klar, damit Sie mittels WhatsApp miteinander kommunizieren können. WhatsApp ist - sofern Sie es noch nicht kennen - eine tolle Art der Kommunikation, die einen aber auch zum Wahnsinn treiben kann. Dazu aber später noch mehr. Ihre Enkel sagen Ihnen jedenfalls, dass Sie das brauchen. Und das geht nur mit einem modernen Smartphone und nicht mit dem alten Nokia, bei dem Sie die Antenne noch rausziehen müssen, um Empfang zu haben.

Und dann haben Sie das Smartphone. Und man hat Ihnen auch WhatsApp installiert und gezeigt wie es funktioniert. Aber eben nur so weit, dass Sie sehen oder lesen können,

dass das Enkele im Urlaub mal wieder Finanzprobleme hat.
Wie sie mit dem neuen Ding aber die anderen vom Senio-
renkreis anrufen (geschweige denn dafür eine WhatsApp-
Gruppe erstellen) hat man Ihnen nicht gezeigt. Typisch Jugend. Die wolle Sie vermutlich nicht mit so etwas belasten.
Ist schließlich schlimm genug. Wenn man Sie dauernd um
eine kleine „finanzielle Hilfe" bittet.

Ich kann es leider hier auch nicht ausführlich machen, da
das den Rahmen sprengen würde. Die Möglichkeiten mit den
Geräten sind so vielseitig, Zum andern ist jedes Gerät etwas
anders. Vergleichen Sie das einfach mit Automodellen. Da
sitzt der Scheibenwischer-Schalter auch immer an anderer
Stelle und funktioniert mal durch Zug und mal durch Druck.

Aber Sie haben eines gemeinsam. Sie sind kleine Computer,
auf denen ein Programm läuft, mit dem man telefonieren
kann. Ja, so ein Programm, das auch mal Fehler haben kann
und dann braucht man auch dafür ein Sicherheits-Update
oder ein Patch wie ich im entsprechenden Kapitel erläutere.

Aber warum macht man das nicht wie früher rund baut in
die Dinger ein echtes Handy ein. Weil dann die ganzen
Gimmicks drumherum nicht funktionieren? Haben Sie vor 20
Jahren im Handy schon ein Hochglanz-Foto Ihrer Schwiegermutter gesehen, wenn diese angerufen hat? Da waren die
Telefonbuchspeicher noch auf 100 Einträge begrenzt. Und
da der Schwiegerdrache nicht zu dieser Top-Auswahl an
Kontakten gehörte, hat man schon mal versehentlich abge-
nommen. Heute warnt Sie neben dem Foto gleich ein beson-
derer Klingelton wie zum Beispiel Wagners "Ritt der Walkü-
ren" vor dem Fehlgriff abzunehmen. Und das geht eben nur
mit mehr Logik oder besser gesagt Elektronik. Sie können
die Nummer aber auch gleich ins Leere laufen lassen. Der

Technik sind hier keine Grenzen gesetzt, denn auch andere Apps aus dem jeweiligen Store können auf das Telefon zugreifen und es beeinflussen oder verbessern. Und dazu muss das Telefon eben ein Programm auf dem Gerät sein und nicht wie früher ein paar Widerstände, Spulen und Kondensatoren.

Sonstige Computer

Ob Taschenrechner, Telefon oder Kaffeemaschine. Überall sind Tasten dran und deswegen soll ich mich gemäß des Vorurteils meiner Sippe aus der Einleitung mit all dem auskennen.

"Is doch 'n Computer"

Gut, an der Kaffeemaschine bin ich sogar noch Experte, aber wer nutzt denn noch einen Taschenrechner? Ich habe einen aus meiner Zeit an der Technikerschule in den Neunzigern auf dem Schreibtisch. Immer noch ohne Batteriewechsel. Bevor ich den jedoch rauskram, nehm ich meist den in Windows enthaltenen, Mein Handy oder rechne es oldschool im Kopf. Und dann bekommt man so ein Teil vom Junior in aktueller Form hingeworfen und soll ihm zeigen, wie darauf eine Gleichung eingegeben wird. Und schon ist Papa wieder der alte Sack, der von nix eine Ahnung hat.

Klar. Jeder Rechner sieht ja auch gleich aus und es hat sich die letzten 30 Jahre nichts geändert an den Teilen. Meiner funktioniert vermutlich auch nur deshalb noch, weil er auf Kohle statt Batterie läuft.

Aber die Sippe hat schon recht das es "nur 'n Computer is".

Und irgendwo ticken die immer ähnlich (falsch) und machen eigentlich nur das, was man Ihnen sagt. Ich mein die Computer und anderen Technik-Dinger. Die Familie tickt immer falsch und das juckt mich nicht mal. Wenn aber ein Technik-Gerät nur etwas neben seinem Programm läuft, dann stört mich das schon.

Und dabei ist es egal, ob das Programm jetzt wie an einer alten Waschmaschine über den Programm-Drehschalter kommt oder von einem kleinen Chip für 10 Cent.

Das ist dann auch gleich ein wirklich gutes Beispiel für den Wandel der Technik.

Damals waren an einer Waschmaschine Drehschalter üblich. Ja, so wie auch heute oft noch. Aber früher waren hinter dem Knopf riesige Schaltwerke aus Kontakten und Zahnrädern und das ganze drehte sich durch ein mechanisches Uhrwerk.

Ähnlich einer Spieluhr drehte sich der Zapfen mit einzelnen Spitzen und betätigte statt Blechen die einen Ton abgeben einen Kontakt, der dann für ein bestimmte Zeit geschlossen wurde. Damit wurde dann der Stromkreis für die Pumpe oder die Schleuder betätigt. War dieser Schalter aber mal defekt, war das fast ein Totalschaden. Diese Schalter waren wirklich das Herzstück der Maschine. Ein defekter Kontakt und die ganze Kiste war ein wirtschaftlicher Totalschaden.

Heute ist eine Maschine auch schnell ein Totalschaden. Aber nicht wegen dem Steuergerät mit ein paar Chips. Kann man eine neue Maschine oft schon beim großen Elektro-

Discounter oder im Netz für einige 100.-€ bestellen, nimmt ein kompetenter Techniker schon die Hälfte dieses Preises für den Satz "Das wird teuer" und die An- und Abfahrt. Aber glauben Sie nicht, der Techniker steigt abends aus seiner alten Handwerker-Karre in einen Oberklasse-Wagen. Nein, der setzt sich in sein Büro und rechnet erstmal einen großen Teil Steuern und Nebenkosten aus diesem Angebot raus.

Vielleicht sollten unsere aktuell Regierenden mal überlegen, ob man damit nicht auch wieder Müll forciert, der nicht nötig wäre. Aber lassen wir das. Ich will ja hier unterhaltend belehren und nicht Wut schüren.

Kommen wir wieder auf die sonstigen Computer zurück.
So intelligent sind diese "Microprozessor gesteuerten" Küchengeräte, Hausgeräte oder sonstigen Dinger auch wieder nicht.
Nehmen wir mal zum Beispiel dieses sündhaft teure Universalküchengerät von der Firma mit den Staubsaugern. Die Dinger mögen zwar super sein, aber mehr als meinen Oma konnte, haben die auch nicht drauf. Im Gegenteil. Bei meiner Oma war im Essen noch eine große Priese Liebe. Und diese Helferlein machen seit über 50 Jahren nur eines. Ein mehr oder weniger intelligentes Programm runter arbeiten. Meine Oma hat beim Anbraten der Schnitzel spontan entschieden ob die Pfanne vom Herd muss. Rief Ihre Freundin Else an, wusste sie, dass es dauern kann. Den Anruf der verhassten Schwiegertochter hat sie schnell abgewürgt.

So ein Universalküchengerät kocht und kocht. Und wenn Oma weg ist, weil sie telefoniert, war es das. Dann ist das Essen verbannt und im ungünstigsten Fall...

Aber eventuell ist die nächste Version von dem Teil ja so vernetzt, dass es gleich die Feuerwehr ruft. Oder einfach Omas Telefon-Leitung kappt. Oder anhand des Anrufers erkennt, wie lang es dauert und sich runter regelt.

Ähnlich verhält es sich mit der Kaffee-Maschine. Da hat Oma früher einfach ein paar Bohnen in die Mühle gesteckt, ein paar Runden gekurbelt und dann heißes Wasser drauf. Da hat die ganze Bude gerochen und jeder wusste, es gibt Kaffee und meist auch noch ein Stück Kuchen.
Heute hört man, dass es Kaffee gibt. Die eingebaute Mühle in so einem Vollautomaten dröhnt zuweilen wie ein Airbus A380 und es klappt und zischt wie in einer Fertigungsstraße. Aber um das Ding richtig zu bedienen, braucht man teilweise ein Studium.
Da war Oma schon einfacher zu bedienen. Ein süßer Blick und ein Lächeln und es gab ein Taschengeld extra zugesteckt.

Aber im Ernst? Muss das sein? Da lob ich mir **meine** Kaffeemaschine daheim. Wasser rein, einschalten, gut: OK, die hat auch ein Mahlwerk, aber das stell ich mit Rädchen ein und die Wassermenge leg ich beim Einfüllen fest. Ganz wie früher.

Aber was will ich Ihnen jetzt damit sagen?

Es hat sich eigentlich nichts geändert.

Wir trinken Kaffee, aber jetzt herrscht die Technik. Früher hat meine Mama mich vor dem Geburts-Kaffee noch mal kurz in den kleinen Laden am Eck geschickt, um Kaffee zu holen. Man weiß ja nie wie viel getrunken wird. Damals wurde man dann von der netten alten Dame an der Kasse gefragt, wer denn kommt und ob man noch was braucht oder wir sonst an alles gedacht haben. Heute macht das der Onlineshop bei dem wir die von brasilianischen Jungfrauen bei Vollmond gepflückten Bohnen bestellen automatisch. Die wissen vermutlich sogar schon, wer nicht kommt oder wieviel Kaffee Tante Käthe dann trinkt.
Früher war das aber auch schon klar. Wen es bei der Taufe nicht der Kaffee dieser einen Marke war, von der Karin Sommer immer eine Packung dabei hatte, gingen die Tassen halbvoll zurück (so zumindest die Werbung in den Jahren 1972-1984).

Ganz moderne Küchengeräte ordern dann sogar von selbst. Der Kühlschrank merkt, dass die Milch aus ist und man kann den Backofen aus der Ferne per App anwerfen. Alles Sachen, die uns die Industrie entwickelt, obwohl keiner danach schrie. Aber ist es mal da, will es jeder haben. Sogar ich als Kritiker so mancher Dinge aus dem "Wir vernetzen alles"-Kosmos.

Aber ich habe dann auch meine Grenzen, wenn mir die Logik fehlt. So zum Beispiel weiß ich nicht, wieso ich bei Verlassen des Büros meinen Backofen per App anmachen soll, weil

- Ich habe eine Frau, die ruf ich an und sag ihr lieb dass ich komm, dann macht die nicht nur den Backofen für eine Tiefkühlpizza an sondern macht ein Blech frische rein.

- Hätte ich keine Frau, wäre aber auch keiner da, der die Pizza vorab in den Ofen legen kann. Das müsste ich dann schon morgens selbst machen, bevor ich ins Büro gehe. Da weiß ich aber noch nicht, ob mir abends nach Pizza ist oder ich auswärts esse. Zum Beispiel mit der süßen neuen Kollegin. Hey, ich bin in dieser Annahme Single, also keine Pizza oder und jemand der Sie rein wirft daheim.

- Was passiert mit der Pizza, wenn ich sie da vergesse? Warnt der Ofen mich auch, dass da was vor sich hin schimmelt?

    (Fragen, die ich wohl mal mit einer KI bereden sollte)

Oder es fehlt bei der Technik die Logik. Nein, die hat mehr als ich werden jetzt die Entwickler sagen. Aber was ist z.B. wenn meine Partnerin auszieht, die jeden Tag einen Liter Milch getrunken hat und mein neuer Partnerin hat eine Laktose-Intoleranz? Wird da mein Kühlschrank verwirrt, weil er nach 10 Jahren plötzlich Hafermilch ordern soll? Bekomme ich das aus Ihm raus? Und ist diese Information bei Ihm sicher oder bekomm ich dann gleich tags drauf Werbung für Tabletten gegen diese Intoleranz angeboten? Sie sehen, auch da ist es wie früher. Man kann keinem Trauen. Nur dem Pfarrer, aber der traut nur Paare.

Dann kauf ich die andere doch selbst ein. Die Milch mein ich.

Die andere Partnerin die nehm ich dabei aber mit, dann haben die Nachbarn gleich was zu reden.

Sie hingegen haben jetzt ein wenig was zum Nachdenken.

Brauch ich all den technischen Kram, der zwar toll ist und das Leben "erleichtert", aber nicht wirklich anders ist?

Bits und Bytes

Wie arbeitet denn so ein Computer? Spricht der Deutsch, Englisch oder gar schwäbisch? Nein, jeder Computer spricht "binär". Nein, dass ist hier nicht sexuell gemeint, sondern kommt vom lateinischen Bina, was doppelt oder paarweise bedeutet.

Alles im Computer besteht nur aus 0 und 1. jeder dieser Zeichen ist ein Bit. Oder auch die kleinste Informationseinheit genannt. Fasst man 8 solcher Zeichen zusammen, dann hat man ein Byte. Und damit lässt sich schon was anfangen. Man kann damit jedes beliebige Zeichen auf dem Computer oder auch eine beliebige Zahl darstellen. Genau gesagt 256 unterschiedliche Zeichen.

Dazu gibt man jedem Zeichen, egal ob ein A, ein Z oder ein ? einen festen Zahlenwert und der wird aus einem Code von 0 und 1 zusammengesetzt.

Klingt verwirrend !?!?

Kennen Sie das Morse-Alphabet? Dreimal kurz - dreimal lang - Dreimal kurz? Das ist der Code für S-O-S, den internationalen Hilferuf. Dabei wird kurz oder lang ein Impuls gegeben, den man als Ton, Lichtsignal oder einem Strich auf Papier wahrnehmen kann.

Gleiches gilt für die Blindenschrift. Für uns Sehende ein wirrer Haufen an Punkten, für Sehbehinderte eine klare Struktur. Und ob man nun 0/1, kurzer/langen Impuls oder Noppen/Nicht Noppen nimmt ist eigentlich egal.

Die Kette dieser Zustände ist ein Zeichen und eine Kette dieser Zeichen ist ein Wort, ein Satz oder ein Buch. Computer verarbeiten diese 0 und 1 Zeichen übrigens mit Spannungen, üblicherweise 0 Volt und 5 Volt. Schalter an, Schalter aus. Und das viele Millionen Mal in jeder Sekunde.

Und so wie der Sehbehinderte ein Zeichen nach dem anderen abtastet, bearbeitet der Computer auch alles der Reihe nach in einem festen Takt. Dies ist der im Prospekt immer besonders angepriesene Wert, der sich mittlerweile weit im GigaHertz-Bereich bewegt also Milliarden pro Sekunde. Meine Anfänge am PC waren noch von einem Takt von 4 Megahertz bestimmt. Also 4 Millionen Takte. Auch nicht schlecht, aber heute unvorstellbar.

Dies einfach mal nur als eine kleine Einleitung zum Thema.

Wie Sie allein mit 0 und 1 einen neuen Krebswirkstoff entwickeln oder ein neues Auto designen können würde den Rahmen und vermutlich auch Ihre Aufnahmefähigkeit sprengen.

Glauben Sie mir einfach, dass selbst Ihr neuestes Katzenvideo nur aus 0 und 1 und nicht weichen Katzenhaaren besteht. Dafür können Sie darauf aber wenigstens nicht allergisch reagieren. Obwohl, ich reagiere manchmal schon allergisch auf Nullen. Dann aber nicht am Computer sondern in der Regierung. Oder die am Computer, die wieder mich dafür verantwortlich machen wollen, dass die Kiste nicht tut.

Windows, Android
und das Ding mit dem Pinguin

Windows, Android, IoS, Linux und diverse andere "Produkte"
sind Betriebs-Systeme.
Nein, nicht das, was mein Cousin Kevin hätte haben sollen
um die Firma von meinem Onkel nicht gegen die Wand zu
fahren.
Da war ein Betrieb mit System gefragt und Onkel Ernst hat
ohne System ausgerechnet diesem minimal Begabten das
Familienunternehmen vererbt. Da hätte auch kein System
geholfen, da Kevins Prozessor total fehlgetaktet war.

Ein Betriebssystem macht aus Ihrem Kevin-Computer erst
mal ein Stück brauchbare Technik.

Vor dem Betriebssystem kommt aber erst mal das BIOS (**B**a-
sic **I**nput/**O**utput **S**ystem). Das ist so etwa die niedrigste
Stufe Wissen von unserem Kevin (einatmen, ausatmen,
nicht in die Ecke schei....). Das BIOS sitzt auf einem Chip in
Ihrem Computer und sagt diesem direkt beim Einschalten,
was für ein Tastatur-Layout er hat, welche Speicher verbaut
sind und auf welchem davon das Betriebssystem zu finden

ist. Ganz wie Kevin, der sonst auch nicht wüsste wo das Bier rein gehört.

Das BIOS startet also ohne ein Zutun von Ihnen und sagt dem Computer "guck mal da auffe Platte, da ist Dein Betriebssystem". Und dann holt Ihr Computer sich sein Windows oder ein anderes teuflisches "Programm" was als Betriebssystem unseren Wahnsinn hervorbringt.

Das Betriebssystem legt dann fest, welche Schrifttypen sie haben, welche Programme für bestimmte Dateiformate aufgerufen werden, welche Sprache Ihr Computer spricht und welches Tastatur-Layout er hat. Hatten wir schon? Richtig, aber ober sticht unter. Ihr BIOS hat auch eine System-Uhrzeit. Wenn Sie aber mit Ihrer Rechenkiste von Deutschland nach USA oder China reisen, wollen sie ja nicht im BIOS rumwerkeln. Da merkt dann das Betriebssystem, dass Ihr Rechner auf den GPS-Koordinaten von Stuttgart Arkansas und nicht in der Hauptstadt des Ländle steht (so sie ihm das erlaubt haben). Und schwupp, ist es 7 Stunden früher. Das mit Stuttgart Arkansas ist natürlich ein blödes Beispiel. In dem Nest gehen die Uhren gleich 20 Jahre nach.

Nun haben Sie also Ihren Rechner eingeschaltet, das BIOS hat das Betriebssystem geladen und Sie haben sich angemeldet/ eingelogged. Dann holt sich das Betriebssystem auch noch die Informationen, welche Dateien Sie zuletzt bearbeiten haben, welche Peripherie (Drucker, Bildschirme oder andere "drumherum" befindliche Geräte) es gibt und welches Hintergrundbild Sie bevorzugen. Die Liste ließe sich noch lange fortführen, aber im Endeffekt sind das nur die Sachen, die sie auch machen, wenn Sie daheim in Ihren Aktenschrank schauen. Der ist sicher anders eingerichtet als das Chaos bei mir oder die DEUTSCHE Ordnung bei meinem Spieß im Wehrdienst.

Und dann sind wir an dem Punkt, an dem der Rechner einfach dasteht und nicht(s) mehr kann. Jetzt braucht es ein Programm. Diese sind entweder klein und einfach, andere sind dagegen komplex und unübersichtlich wie ein Teenager in der Pubertät. Da mag man gar nicht mit anfangen, weil es nur Probleme gibt.

Genauso komplex ist auch das Thema Betriebssystem an sich. Da gibt es Betriebssysteme für Handys, Computer und auch viele andere Systeme. Bei den Handys hat sich Android zum Großteil durchgesetzt, zusammen mit dem IoS von Apple für seine Iphones. Es gab auch eine Zeit lang ein System von Samsung, bevor die Asiaten erkannten, dass das System Android von Google "besser" ist und man dies einfach kauft, statt ein eigenes (weiter) zu entwickeln. Ähnlich was es bei den Computern. Da gab es einst das DOS (Disk Operating System) einer ehr unbekannten Firma. Bis ein findiger Entwickler mit seinen Kumpels kam, es dem Chef der Firma beim Golf abluxte und unter seinem Namen an den Mann brachte.
Eine Biografie, die sich gut liest.
Kurz, die Story von Bill Gates und seinem Konzern Microsoft. Damals noch angesiedelt in einer Garage. Es ist vielleicht nicht das beste Betriebssystem, aber es hat sich durchgesetzt.
Ältere von Ihnen kennen es sicher noch aus der Zeit der Videorecorder. Da machte VHS trotz seiner Nachteile das Rennen gegen Betamax und Video2000.

Und dann gibt es noch Linux. Bekannt sicherlich durch den niedlichen Pinguin TUX als Logo, der aber nur eine von vielen Linux-Systemen präsentiert. Linux ist grob gesagt ein Baukastensystem. Jeder kann sich Teile nehmen, die er braucht und zusammensetzten wie es für Ihn richtig ist. Er

darf es dann sogar weitergeben und andere können daran wieder weiterbauen. Das ist der Grund, warum sich Linux sehr stark bei den sogenannten Nerds verbreitet und eigentlich sogar besser ist als Windows. Ein tolles System. Schade nur, dass es sich gegen den Platzhirsch nie durchgesetzt hat. Nerd sind eben Tüftler in stillen Eck oder der Garage aber eben keine Marktstrategen. Wenn Sie aber Zeit haben, nehmen sie sich diese und testen Sie einmal mit einem alten Rechner und Linux herum. Es lohnt sich. Womit wir auch bei einer seiner Stärken sind. Es ist nicht so anfordernd an die Hardware. Deshalb findet man es auch auf Experimentiercomputern, Einplatinen-Minirechner und anderem, die mit Windows nicht einmal mehr genug Reserve hätten um 2 und 2 zusammenzurechnen.
In den folgenden Ansichten bleiben wir aber mal bei Windows. Wenn Sie nämlich Linux hätten, bräuchten Sie dieses Buch sicher nicht.

Programme

Das Wort Programm kennen wir alle von der Waschmaschine. Wenn die anläuft, sagt das Programm der Maschine,
dass erst das Wasser mit dem Pulver reinkommt, dann alles
aufgeheizt wird und ganz zum Schluss geschleudert wird.
Eins nach dem anderen. Fest nach Protokoll. Sonst würde
die Wäsche trocken auf 90 Grad aufheizen und dann bei
1200 Umdrehungen brennend durch die Trommel wirbeln,
bevor die Maschine sie am Ende ablöscht. Und genau so
funktioniert ein Programm. Es passiert was, Sie reagieren
darauf und abhängig von der Reaktion passiert wieder was.

Ein anderes Programm kennen Sie vom Fernseher. Einschalten, ARD starten, 5 Minuten ansehen, umschalten. RTL II
ansehen, Kopf schütteln, ausmachen.

Eines der einfachen Programme ist zum Beispiel Ihr Browser
(engl. gesprochen Brauser). Den rufen Sie auf, er zeigt sich
mit der Startseite und dann geben Sie die Internetadresse
ein, die Sie sehen wollen. Buchstabe für Buchstabe. Und
erst, wenn Sie ENTER drücken, weiß der Browser, dass Ihre
Eingabe fertig ist und ruft die Seite aus dem Internet auf.
Sie sehen dann irgendwann bunte Bilder und wenn Sie die
anklicken, weiß der Computer, dass es weiter geht. Ob dem

so ist, sagt ihm aber dann erstmal das Internet. Wenn vom anderen Ende nur kommt "unbekannt verzogen" dann sehen Sie statt lustiger Katzenvideos nur "404 - Seite nicht gefunden".

Es gibt Programme für jeden Einsatzzweck. Oft einfach in der Bedienung und nur auf eine Funktion begrenzt, oft aber sehr umfangreich. Vergleichen Sie das mal mit einem Schälmesser daheim und einem Schweizer Messer. Mit dem Schälmesser schaffen Sie die Kartoffel und gut. Mit der Konservendose oder Weinflasche tun sie sich da schon schwerer und sind froh, wenn das Messer auch damit klar kommt.

Solche Programme sind dann auch meist etwas speicherintensiver, kosten meist etwas bis viel und sind für viele Anwender zu komplex, weil man nur mit einer Schulung statt intuitivem Nutzen alles nutzen kann.

Aber wann braucht der normale Stadtbewohner schon mal die Säge an seinem Messer.

Dies ist bei vielen Programmen der Fall. Wenn Sie nur die Videos von Ihrem Handy etwas kürzen oder zusammenschneiden möchten, versehen mit einer Hintergrundmusik, macht das eine Reihe von Programmen zum schwäbischen Preis von "koscht nix" bis "fast geschenkt". Wollen Sie aber den Videos von der letzten Party noch das Wackeln nach dem 8 Hefeweizen abgewöhnen und das "Reflux-Geräusch" des Kollegen neben Ihnen rausfiltern, müssen Sie schon etwas investieren, um für den Film noch einen Oscar zu bekommen.

Office*

Schauen wir uns einmal die Programmgruppe an, die so ziemlich jeder auf seinem Computer hat. Ich meine da nicht Poker, Solitär und Minesweeper in der Gruppe Spiele sondern das "gute" alte Office. Man kann von Microsoft denken, was man will, aber diese Gruppe kann fast alles (außer meine geliebten Rouladen braten) und das mit 6 Programmen (Word, Excel, PowerPoint, Outlook, OneNote und Access). Die anderen lassen wir mal ganz außen vor, da sie nur echte Nischen bedienen. Nein, nicht die am Hauptbahnhof mit den leichten Mädchen.

Word

Grob gesehen eine Schreibmaschine. Nur mit mehr Farben (zum schreiben) und den verschiedensten Schrifttypen und -größen. Und Sie müssen nicht am Zeilenende dauernd den Schlitten zurück auf Anfang schieben.

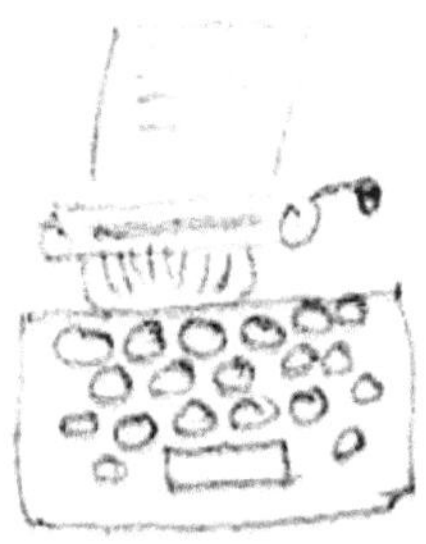

Die meisten nutzen Word, um mal eben einen Brief zu schreiben, einen Bericht im Geschäft, die Dissertation, zu der es mir nicht gereicht hat oder sogar dieses Buch. Aber das ist nur die Spitze des Eisberges, was Word alles kann.

Klar, es kann im Gegensatz zur Schreibmaschine mehr Schrifttypen, -größen und Farben. Aber kann Ihre Schreibmaschine die Seiten unten durchnummerieren. Spätestens bei diesem Buch hätte ich Sie aus dem Fenster geworfen. Dauernd kamen hier neue Seiten hinzu, dort flogen welche raus oder ich habe die Seiten umsortiert. Das macht Word automatisch.

Ich hingegen hätte meine Frau und eine große Rolle Korrekturband gebraucht. Und dann kommt man auf die Idee, doch noch ein Bild zwischen den Text zu würgen. Spätestens dann sieht das Skript aus wie ein Erpresserbrief aus einzelnen Zeitungsfetzen und meine Frau sucht das Weite. Word hingegen schmiegt den Text um das Bild herum und mault auch nicht, wenn der kreative Nutzer zum zwanzigsten Mal die Größe ändert. Ein Inhaltsverzeichnis automatisch zu diesem Buch zufügen? Kein Problem. Und die Seitenzahlen werden auch immer wieder automatisch angepasst.

Die Rechtschreibung weiß mehr als meine alte Deutschlehrerin und das in mehreren Sprachen. Verwende ich zu oft das Wort „Super" macht Word mir Vorschläge, wie ich es sonst nennen kann, ohne auf "Mega" oder "Geil" zu verweisen. Dadurch bekomm sogar ich niveauvolle Briefe an diesen ….-Typ im Kundendienst der Firma …. verfasst.

Damit hätte man vor einigen Jahren noch nicht gerechnet. Heute rechnet man sogar mit Word. Ja, so richtig mit Zahlen. Glauben Sie nicht? Sie müssen nur eine Tabelle einfügen und den Zellen sagen, was drin stehen soll. Ach, das kennen Sie von Excel? Richtig, da kommen wir aber gleich erst zu. Und ehrlich gesagt, ist Excel dazu auch besser geeignet.

Aber mit den meisten Office-Programmen ist es wie mit einem Auto. Klar können Sie mit dem Ferrari oder Mini-Cabrio in den Baumarkt fahren und die Holzlatten für das

Gartenhaus holen, aber der Familienbus ist dafür besser geeignet. Mit dem sollten Sie hingegen nicht Ihr neues Date zum Essen beim Edel-Italiener fahren. Es sei denn, Sie wollen später noch irgendwo „einparken".
Was Word sehr gut kann, ist mit Feldern arbeiten. Das erfordert zwar Übung aber dann haben Sie nie wieder das Drama mit den Weihnachtskarten für die weiter vorne beschriebene Sippe. Einmal einen Text geschrieben, die Felder einfügen und Tante Uschi, Onkel Gerd und Oma werde alle an den Stellen persönlich angeschrieben. Oder meinen Sie, die Wurfsendungen in Ihrem Briefkasten hat jemand persönlich geschrieben. Auch wenn es solche Dienstleistungen irgendwo für ein paar Cent gibt, ist es einfacher einmal ein Feld [Empfänger] zu definieren und anschließend dieses automatisch aus einer Kundenkartei befüllen zu lassen. Wenn ich dann noch weiß, ob es Herr, Frau oder was auch immer ist, kann ich automatisch „lieber", „liebe" oder „liebes" in das Feld [Anrede] davor schreiben. Mit so einem Serienbrief ändern Sie einen Brief schneller, als der Drucker ihn ausspucken kann.

Ich könnte jetzt noch ewig schreiben, was Word alles kann. Vermutlich habe selbst ich nicht einmal alles entdeckt. Aber ich will Sie ja auch nur auf den Geschmack bringen. Austesten oder einen Kurs machen, können Sie woanders. Das rechnet sich in jedem Fall, womit wir auch wieder einen Übergang zu Excel haben.

Excel

Excel ist ein Tabellenkalkulationsprogramm. So was ähnliches wie früher die Journale in der Buchhaltung. Nur eben, dass sie nicht nebenher noch die Rechenmaschine klappern lassen müssen. Excel rechnet selbst die Zeilen und Spalten zusammen, haut einen Rabatt drauf oder zieht einen Zu-

schlag ab. Oder umgekehrt? Na das müssen schon SIE wissen.

Das mit der Tabellenkalkulation hat jeder sicher schon mal mitbekommen. Wer das Programm öffnet bzw. startet, sieht erstmal nur Gitter. Fast wie im Knast oder unter der Strumpfmaske, die Sie vor dem Knast in der Bank getragen haben. Dieses Gitter besteht aus Zeilen und Spalten und ergibt somit ein Feld von Kästchen. Aber diese Kästchen können mehr und deshalb nennen wir Sie auch Zellen. Da drin ist wirklich was los. So wie in der Zelle, in der Sie eventuell sitzen. Man kann mit Ihrem Inhalt rechnen, ihn gegeneinander vergleichen und vieles mehr.

Notiz an mich selbst: Verkauf den Leuten ein weiteres Buch, in denen Du NUR Excel erklärst.

Sie brauchen eigentlich nur einfache Formeln in das Kästchen eintragen und Excel macht den Rest. Klar, können Sie auch (wie schon oft gesehen) einfach eine Tabelle der Einnahmen und Ausgaben erstellen, alles manuell ausrechnen und eintragen. So wie Sie das in Ihrer kaufmännischen Ausbildung 1881 mit diesen Journalen gemacht haben.
Aber dann können Sie auch einen Absatz hoch gehen und bei Word bleiben. Wenn Sie Excel in der Zelle B25 (das ist die Zelle in der 2.Spalte von rechts und der 25. Zeile) einfach reinschreiben **=Summe(B1:B24)** dann rechnet er Ihnen alles in den Zellen darüber zusammen. Schneller, als Sie es je auf dem Taschenrechner schaffen. Und sobald Sie den Wert einer Zelle ändern, ändert sich die Summe in Zelle B25. Nie mehr etwas verpassen!!!

Wenn Sie das Ganze dann noch mit logischen Formeln erweitern, sparen Sie sich eine Menge Zeit.

Machen Sie mal den Versuch und tragen Sie Ihr Guthaben in Zelle B1 ein.
Darunter in die Zellen B2-B10 ein paar Ausgaben
und in Zelle B11 die Formel

=WENN(B1-SUMME(B2:B10)>0;"Alles gut";"Sie sind pleite")

Dann sagt Ihnen Excel in klaren Worten, wie es bei Ihnen aussieht. Diese Formeln kann man beliebig erweitern und es gibt viele Operationen, die das Programm beherrscht. Selbst für die meisten Kalkulatoren oder andere Zahlenkünstler ist es sicherlich nur ein kleiner Teil des möglichen, aber mit wenigen Klicks lassen sich auch Kurvenverläufe Ihrer Finanzmisere oder Kuchendiagramme zur Wahl des neuen Vorstandes im Kleintierzüchter-Verein erstellen. Manchmal frag ich mich, wozu wir das früher alles feinsäuberlich auf dem

sündhaften teuren Millimeter-Papier in Mathematik lernen
mussten. Gedanklich geht meine Kurve der Buch-Einnahmen
schon wieder steil hoch, wenn ich an das 2.Buch „Olli erklärt: Excel für Mathe-Looser"

PowerPoint

Wenn Excel Ihnen dann sagt, dass es so finanziell nicht
mehr weiter geht, wäre es sinnvoll ein paar Flugblätter mit
einem Spendenaufruf zu gestalten. Hier bietet Office gleich
mehrere Programme an, die sich dafür wirklich eignen.

Obwohl, Sie könnten es auch wieder in Word machen,
wenngleich das Anordnen und Bearbeiten von Bildern darin
etwas schwerer ist als zum Beispiel in Publisher oder Power-
Point.

Da den Publisher im normalen Umfeld kaum jemand nutzt,
gehen wir lieber gleich zu PowerPoint. Ein ebenfalls sehr
mächtiges Tool. Sicherlich haben Sie schon einmal Werke
aus diesem Programm gesehen. Mit Ihm können Sie ohne
viel Wissen Diashows für Vorträge, Ihre Vereinspräsentation
oder anderes entwerfen.
Naja, einfach ist es schon.
Aber oft schießen Gestalter dabei über das Ziel hinaus und
nutzen das gesamte Repertoire an Machbarem. Die Folge
sind Augenkrebs beim Betrachter oder zumindest wilde

Zuckungen und Krampfanfälle. Hier hat Microsoft alles rein-
gepackt, was machbar ist. Aber besser nicht zu machen
wäre.

Üben Sie sich also bei Ihren Versuchen in Zurückhaltung und
greifen Sie am Besten auf die fertigen Vorlagen zurück und
ändern Sie nur Ihre Texte, bevor Sie eine Mail vom Anwalt
wegen grafischer Grausamkeit bekommen. Womit wir beim
nächsten Programm sind

Outlook

Die meisten nutzen Outlook als Programm, um Ihre E-Mails
(siehe im entsprechenden Kapitel) abzurufen. Schön. Dafür
war es anfänglich auch konzipiert, Und nur dafür. Dafür gibt
es aber auch massenweise andere (kostenlose) Programme.
Oder Sie greifen auf Ihre Mails über einen Webbrowser wie
Firefox oder Edge zu.

Da sich aber in immer mehr E-Mails auch Termine befinden
lag es nahe Outlook, um einen Kalender zu erweitern. Microsoft hat es dann zwar gleich übertrieben und aus Outlook
und der einfachen Mail-Funktion gleich etwas gemacht, was
der Schwabe eine „Eierlegende-Wollmilchsau" nennen
würde. Oder einfach ein Multifunktions-Werkzeug.

Im Laufe der Zeit hat man eine Vielzahl an Kontakten, die
mehr oder weniger wichtig sind und somit war es auch sinnvoll die Kontakte hier einzupflegen. Also ein Adressbuch.
Mal schreibt man seine Sekretärin geschäftlich, mal will man
mit ihr privat ein Date haben also ist es sinnvoll hier auch
mehrere Kontaktformen einzupflegen. Das alte Adressbuch,
das man vor seiner Frau verstecken muss war damit obsolet.

In den 80er Jahren gehörte es zum guten Ton als Manager oder andere wichtige oder weniger wichtige Personen einen Filofax zu haben. Den trug man immer wichtig herum und legte Ihn ganz demonstrativ auf den Tisch, um zu zeigen, wer man ist. Die Dinger waren sauteuer, aber genial. Nur eben auch schwer und unhandlich.
In Outlook hat man dies nun elektronisch vorliegen. Eine Synchronisation zwischen Handy, Laptop, Tablet und anderen Gimmicks ist selbstverständlich, so dass man immer und überall auf seine aktuellsten Kontakte, Termine, Emails und Aufgaben zugreifen kann. So sitzt man also in der Badewanne und wird auf der Uhr dran erinnert, dass die Vorstandssitzung vom Kleintierzüchterverein gerade beginnt. Machen Sie jetzt nicht den Fehler, zu Ihrem Handy zu greifen

Im Berufsleben können Sie hier einfach einen Termin eintragen, 20 Gleichgesinnte oder weniger Gleichgesinnte einladen und bekommen von jedem die Antwort, ob er an dem Termin teilnehmen kann oder verhindert ist.
Früher oder später wird Outlook ihnen auch noch sagen, ob er wirklich verhindert ist oder ob er einfach keinen Bock hat.

OneNote

OneNote ist eine weitere Steigerung des zuvor bereits erwähnten FiloFax der Achtziger. Hier können Sie für jedes Ihrer Projekte, Ideen oder sonstigem Firlefanz der ihnen durch das Hirn rauscht einen eigenes Notizbuch anlegen, weitere Kapitel und darunter wieder Seiten einfügen.
Damit es nicht langweilig wird, können Sie Grafiken einfügen oder einfach zu einer einzigen Seite 20 Dateien in beliebigen

Dateiformat anhängen damit sie diese immer an ein und
derselben Stelle wiederfinden.
Es bedarf etwas Übung damit man hier nicht plötzlich in ein
Chaos abrutscht, welches man ohne Computer nicht hätte.
Aber wenn man sich hier einmal eingeübt hat, ist dies ein
wirklich hervorragendes Tool um alles zusammen zu bringen.

Notiz an mich:
Schreib dieses verdammte zweite Buch nur zu den Office-
Programmen.

Access

Auch wenn ich persönlich ein leidenschaftlicher Nutzer von
Microsoft Access bin, möchte ich mich hier nur ganz kurz zu
dem Thema auslassen (und das hat nicht mein Anwalt geraten).

Access ist ein Datenbankprogramm. Hier können Sie große
Datenmengen strukturiert miteinander in Verbindung setzen
und diese schnell auswerten. Wenn sie sich auch noch mit
der Programmierung in VBA befassen, können Sie glich
kleine bis große Programme erstellen. Es gibt echte Cracks
die es geschafft haben ein Konkurrenz-Programme zu SAP
für kleine oder mittelständische Unternehmen aufzusetzen.
Hallo Uwe !!!

Nur mit dem Unterschied, dass diese um einiges billiger und
in der Nutzungsfähigkeit (englisch „Usability" gesprochen
Jusäbiliti) um weites besser sind.
Da die Möglichkeiten den Rahmen hier sprengen würden
empfehle ich jedoch die einschlägige Literatur.

Oder eben auf mein Buch 2 zu warten. Erneute Notiz an
mich !!!!

Da ich die Produkte der Firma Microsoft jetzt genügend be-
weihräuchert habe und von dem Laden keinen Cent für die
Werbung bekomme, wenden wir uns einmal anderen Pro-
grammen oder Programmtypen zu.
Nachricht an Bill Gates und Satja Nadella. Ich nehme noch
„Gage" an für mein 2.Buch.

Andere Programme

Egal ob Sie ihre Kochrezepte verwalten wollen, die Urlaubsbilder der letzten 40 Jahre oder ihre Videos von Handy oder
Digitalkamera mehr oder weniger professionell schneiden
wollen. Für jeden Einsatzzweck gibt es ein Programm. Diese
können Sie zum Großteil als Download in einer kostenlosen
Version aus dem Internet herunterladen oder sie gehen zum
freundlichen Händler ihres Vertrauens und berappen richtig
Geld. Auch hier ist wieder wie eingangs erwähnt die Frage
zwischen dem Bedarf und der Bereitschaft.
Den Bedarf, was sie machen wollen und der Bereitschaft
was Sie ausgeben wollen.

Ähnlich wie bei einem Waschmittel ist nicht unbedingt das
teuerste oder bekannteste Produkt auch das Beste. Sie finden das Programm X nicht bei Lidl als Hausmarke wie sie es
von Ihrem Käse oder Ihrer Wurst kennen, aber es lohnt sich
in allen Fällen einmal im Internet zu recherchieren welches
Programm für ihren Zweck geeignet ist.

Hinweis:

Neben Microsoft Office gibt es auch andere Office-Pakete, die einen ähnlichen Umfang bieten. Diese sind aber entgegen der Microsoft-Variante nicht so verbreitet und bieten teils einen geringeren Umfang. So gering allerdings auch nicht. In den meisten Fällen würde es reichen, So wie das Schweizer Messer mit 3 Zubehörteilen, statt die 10 Kilo Variante, die in keine Hosentasche passt.

Wofür Sicherheits-Updates

Wieder einmal legt meine Mama mir Ihr Handy hin und
fragt, was es mit diesen Sicherheits-Updates auf sich hat
und warum sie das machen muss. Und ob ich das nicht dann
gleich übernehmen kann. Welch überflüssige Frage.

„Das ging doch früher ohne !?!?" kommt noch vorwurfsvoll.

Naja, wo Sie Recht hat, hat sie Recht. Aber damals hatten
die Telefone noch ein Kabel und bestanden aus 10 Bautei-
len. Die waren dann auch noch von irgendeinem deutschen
Post-Ingenieur geprüft und freigegeben. Es gab auch nur
wenige ausgewählte Geräte und wer sich eines der ersten
schnurlos-Telefone aus Übersee mitbrachte und anschloss,
hatte schnell ein Problem.

Heute hingegen haben die kleinen Biester mehr Rechenleistung als mein erster PC Ende der 80er und werden nur in
Ausnahmefällen zum reinen Telefonieren genutzt.

Aber darüber kann man auch froh sein. Nichts ist schlimmer
als ein Jugendlicher am Handy im vollen Bus.

"Ey, Alda!!! Ich schwör!!!"

Stellen wir uns dieses komplexe Gerät einmal wie Ihre Wohnung vor. Es gibt einzelne Räume, die eine Funktion haben. Und diese wiederum bestehen – um zu funktionieren - aus einzelnen Möbeln und Geräten. Und so, wie Sie eine Vorratskammer mit Regalen und Kühltruhe haben, so haben diese Geräte auch einen Speicher für Ihre Bilder, Videos und Musik.

Stellen Sie sich jetzt vor, Sie kaufen sich eine neue Kühltruhe (für Ihre Vorratskammer, nicht für Ihr Handy). Dann brauchen Sie eventuell neue Tupperdosen, weil die alten nicht so optimal passen. Die neuen passen dann zwar perfekt und sie haben keinen Platz verschenkt, aber dafür passen die dann am Wochenende nicht in die Fahrrad-Tasche. Also kauft man auch diese neu.

Eine beliebige fortsetzbare Story.
Und wenn Sie Pech haben, läuft die Story im Kreis und irgendwann passt der neue Kühlschrank nicht mehr in die Vorratskammer.

Dies passiert auch mit Ihrem Handy und anderen komplexen Geräten. Der Hersteller des Displays (also der Anzeigefläche Ihres Handys) verbessert dieses durch eine neue Software, aber die benötigt dann auch mehr Strom. Darum kümmert sich der Hersteller des Akkus und des zugehörigen Energiemanagements. Dadurch wird das Handy aber eventuell wärmer und der Hersteller des zentralen Prozessors muss gegenlenken. Alle zusammen kommunizieren Sie miteinander und da kann es dann auch vorkommen, dass keiner im wilden Gespräch merkt, dass ein Fremder dazwischen quatscht. Und schon hat man ein Sicherheits-Risiko.

Stellen Sie sich vor, Sie hören in Ihrem Auto im Stadtverkehr jemanden "Gib Gas, 109 sind drin" sagen und befolgen die Order ungeprüft.
Eben. Und das passiert hier.
Ihr Handy macht, was es nicht machen soll und fragt auch nicht nach, ob es darf. So eine Art Pubertät.
Diesem Problem begegnen die Hersteller der Geräte mit Sicherheits-Updates. Damit werden dir Lücken geschlossen und die Systeme verbessert. Aus Fehlern lernt man.

Aber glauben Sie nicht, Ihr Gerät ist sicher, nur weil sie irgendwann keine Updates mehr bekommen. Das liegt ehr daran, dass es für den Hersteller unwirtschaftlich wird dieses Gerät weiter mit Service zu unterstützen. Der will Ihnen lieber ein neues andrehen. Das kennt man ähnlich auch vom Auto.

Und warum dauert das so lang und warum geht das Handy an und aus?
Weil es das kann!?!?
Nein. Es **braucht** diesen Neustart. Komplexe Geräte wie Handy, Computer, aber auch Autos machen bei einem Start einen Check Ihrer selbst.

Mach ich übrigens auch seit ein paar Jahren nach dem Aufwachen. Welcher Knochen zuckt heute, wo tut es sonst so weh und was kann ich heute gar nicht.
Wo bin ich? Was bin ich? Was kann ich? Und was nicht (mehr)?

Naja, und wenn das Display besser aussehen soll, dann muss man ihm das beim Neustart sagen. Sie sagen Ihrem Kind ja auch beim Aufstehen, dass es sich anziehen und zur

Schule gehen soll. 2 Stunden später ins Zimmer kommen ist
dafür zu spät.

Also nutzen Sie Updates wann immer Sie welche angeboten
bekommen. Und wenn es für Ihren Toaster ist.

Ob die "etwas häufigeren" Updates der Firma Microsoft für
Ihre Produkte die Ursache in der Komplexität oder den vielen Sicherheitslücken haben, ist schwer zu sagen.
Ich persönlich denke, es ist beides. Wenn Sie einen Trabant
haben, ist dieser weniger komfortabel als ein Mercedes der
Edel-Klasse. Es kann aber eben auch nicht so viel kaputt gehen wie bei einem Auto mit 20 und mehr komplexen Steuer-
geräten.

Viren

Spätestens seit Corona wissen wir alle, wie gefährlich Viren
sein können. Und hier sind wir bei einem Thema, das man
auch einem Computer-Laien einfach erklären kann.
Ein Virus schadet entweder Ihrer Gesundheit oder Ihrem
Computer. Aber kommen Sie jetzt nicht auf die Idee, die alten China-Masken, vor denen man uns gewarnt hat Ihrem
Computer über zu ziehen. Der atmet durch seinen Lüfter nur
aus aber nicht ein. Und seine Viren kommen auch nicht über
die Atemwege. Einfallsweg sind ehr seine" Blutbahnen" bzw.
sein spezifischer Blut-Austausch sprich Daten.

Wer jetzt an die AIDS-Reklame der Neunziger denkt und
gleich die ebenso alten Kondome aus dem Nachtisch raus-
kramt kann sich das ebenfalls sparen.
Die helfen hier auch nicht wirklich. Und außerdem wirkt ein
Display selbst durch das extradünne gefühlsechte Latex etwas trüb.
Aber sie sollten auch nicht einfach sagen „ich gehe ja nicht
online und auf Schmuddelseiten, da kann mir nix passieren!"

Das ist die falsche Denke, wie damals mit AIDS.

Am Anfang dachte man auch, es betrifft nur Homosexuelle und Bordell-Besucher. Und dann kam der Familienvater von so einem Etablissement heim und brachte es mit. Oder eben der Blutspende-Empfänger.
Genau so kann es Ihrem geliebten Computer gehen.
Sie passen auf, gehen nicht online und dann kommt der Enkel um schnell was auszudrucken weil sein Druck-Knecht defekt ist. Der steckt dann seinen USB-Stick in die Öffnung Ihres Computers und schon haben Sie das, was er sich zuvor woanders eingefangen hat. Da hilft nur entweder GAR KEIN Kontakt nach außen wie bei einem Einsiedler oder ein Anti-Viren-Programm.

Die heutigen Betriebssysteme auf dem Computer haben bereits eines vorinstalliert, andere „Experten" empfehlen ein separates Programm, welches man zwischen kostenlos und einer Jahresgebühr von etwa 30.-€ abonnieren kann.
Eine Empfehlung zur einen oder anderen Lösung möchte ich hier nicht abgeben, da dies auch vom Nutzerverhalten abhängt. Ich als Dauer-Online-alles-Macher habe ein entsprechendes Abo bei einem deutschen Hersteller und bin damit bisher gut gefahren. Andere verlassen sich für das Familien-Elektronik-Hirn auf den eingebauten Schutz. Man fand aber auch homöopathische Zuckerkügelchen in den Lüftungsschlitzen eines Rechners.

Wie funktioniert denn nun so ein Virenschutz-Programm grob? Es analysiert die Daten die über Internet, USB-Stick oder andere Quellen in Ihren Computer gelangen. Und auch der interne Datenverkehr wird untersucht. Dabei vergleicht das Programm diese Daten mit einer Liste, die regelmäßig aktualisiert wird und schlägt Alarm, wenn es mit Ähnlichkeiten fündig wird.

Stellen Sie sich den Portier am Edel-Restaurant vor. Am heutigen Abend will der Maître keine Männer mit roter Krawatte im Lokal. Also kommt die Order auf die Liste und jeder Gast wird beim Eintreten genau inspiziert. Abhängig von der Order des Maître wird der Gast dann einfach auf einen anderen Abend vertröstet und weggeschickt, man entfernt ihm die Krawatte und lässt Ihn eintreten oder man legt ihn um und vergräbt Ihn im Garten. Genau so arbeitet der Virenschutz. Passt etwas nicht, wird es am Eingang geblockt, der schädliche Teil entfernt oder die Datei sofort gelöscht. Daneben gibt es dann noch einen Quarantäne-Bereich in dem der Gast dann sitzt und der Maître (in diesem Fall Sie) entscheiden soll, was damit passiert. Diese Art der Erkennung nennt sich Heuristik.

Und was machen diese Viren dann, wenn mein Computer kein Corona oder Fieber bekommen kann?

Doch, kann er.
Er kann auch Alzheimer und andere Krankheiten bekommen. Zumindest, was die Symptome angeht. Es gibt Viren, die löschen einfach Ihre Daten. Weg sind die Urlaubsbilder, der gesamte Kontostand oder die gesammelten Rezepte und Katzenbilder von Omi. Er kann aber auch angeleitet werden wilde Rechen-operationen auszuführen bis er überhitzt. Oder er macht einfach nur lustige Dinge. Den Ideen der Entwickler sind hier keine Grenzen gesetzt. Meist haben diese aber weit bösere Absichten als nur bunte Bilder auf Ihren Rechner zu zaubern.

Aktuell werden Rechner gerne befallen und die dortigen Daten verschlüsselt. Sie bekommen das erst mit, wenn eine freundliche Meldung erscheint und Ihnen dies mitteilt. Dies

ist dann meist mit der Bitte verbunden, eine kleine Aufwandsentschädigung an die nette Organisation zu übermitteln, die Ihnen die Daten dann wieder entschlüsselt. Klar, wenn Ihnen einer Ihr Tagebuch in Konfetti verwandelt und verspricht, dies gegen einen kleinen Obolus wieder zusammenzusetzen, zahlen Sie gerne. Und wenn man überlegt, was an Informationsmengen auf einem Computer lagern, zahlt man dieses Lösegeld gern. Wer hat schon Lust noch al 10 Stunden im Kreissaal zu liegen und zu hecheln, um die Geburt des Stammhalters nachzustellen. Oder noch einmal b3i 35 Grad mit der Schwiegermutter vor der Kirche in Anzug/Kleid in die Kamera zu grinsen. Das ist eine harte Erpressung.
Diese Art von Schädling nennt sich dann auch passend Ransom-Ware.

Ein gutes Anti-Virenprogramm würde, wenn es nicht schon den Virus beim Eindringen in den Computer erkennt, spätestens beim Verschlüsseln der Daten los schreien. Das ist eine nicht normale Vorgehensweise und deshalb zu stoppen. Man spricht hier von verhaltensbasiert.

Andere Viren bemerken Sie nicht und wenn Ihr Viren-Programm es auch nicht bemerkt, dann haben Sie ein großes! großes!! großes!!! Problem.
Dann hockt in Ihrem Rechner ein kleiner Mann (oder auch Frau) der die ganze Zeit protokolliert, was Sie machen. Onlinebanking auf der Seite www.meinehausbank.de und Benutzername "alterGeizknochen"? Ist notiert
Ach, doch mal heimlich eine Schmuddelseite besucht und dabei gelächelt oder mehr. Was man eben so als Besucher dieser Seiten macht. Das Fotografieren wir gleich mal mit der eingebauten Kamera. Man weiß ja nie, wann man das gegen einen kleinen Betrag in Hochglanz verkaufen kann.

Die Datei Passwörter.docx klingt auch interessant. Die schick ich doch gleich mal heim. Solche Spionage-Programme heißen dann auch gleich SpyWare.

Es kann aber auch sein, dass Ihr Rechner einfach nur missbraucht wird. Nein, nicht sexuell. Ehr so wie ein Mitarbeiter in einem Unternehmen ohne Betriebsrat. Keine Pausen, kein Urlaub und nur volle Leistung.

Böse Leute sind oft geizig und bevor Sie sich selbst ein paar dicke Rechner daheim für Ihre Missetaten hinstellen, nutzen Sie einfach ganz viele andere Rechner.

Stellen Sie sich vor, alle 2 Sekunden ruft bei Ihnen irgendwer an. Da reißen Sie die Leitung aus der Wand oder rennen eben diese hoch. Wenn jetzt tausende von Rechnern im Sekundentakt gleichzeitig die Webseite www.seite-zum-angreifen.de "anrufen" dann wedelt deren Server auch mit der weißen Fahne und gibt auf. Für Echte Anfragen ist er dann nicht mehr erreichbar.

Net wie ich bin, biete ich dem Besitzer der Seite an aufzuhören, wenn er ein kleines Trinkgeld springen lässt. Sobald er das Geld überwiesen hat, lasse ich meine gemieteten Rechen-Sklaven Pause machen und seine Webseite ist wieder da.

Sowas nennt sich dann eine DDoS-Attacke.

Wenn ich als böser Mensch gerade niemanden kenne, den ich damit erpressen will, dann vermiete ich meine gekaperten Rechner einfach im Darknet (siehe entsprechendes Kapitel).

Firma A will den Konkurrenten B schädigen, dann kann der bei mir für morgen Mittag meine Rechner-Armee mieten und eine Minute später ist die Website von B nicht mehr am Netz.

Sie sagen auf Ihrer Webseite etwas, was einer Regierung nicht passt?
PENG! Web damit. Nur, dass diese Regierungen sich den Dienst in der Regel nicht mieten müssen, sondern entweder eigene Dienste dafür haben oder den Anbieter kurz "unentgeltlich" übernehmen.

Böse neue Welt.

Und dies sind nur ein paar wenige Beispiele. Jeden Tag wacht irgendwo ein "netter" Mensch auf und schreibt einen neuen Virus oder verändert einen Virus, um ihn an Ihrem Türsteher vorbei zu schmuggeln.
Diese Varianten gehen in die Tausende (PRO TAG!!!).

Und sie regen sich auf über eine Impfung gegen neue Grippe-Viren im Jahr?

Ich hatte eingangs schon erwähnt, dass die Gefahr überall lauert. Ob der USB-Stick des Enkels oder ein kostenloses Programm, was man im Internet herunterladen kann.

Oder auch eine Schmuddelseite?
Diese Seiten sind entgegen Ihrem Ruf sauberer als man denkt. Nicht vom Inhalt, der ist mehr als schmutzig, aber dort lauern oft weniger Gefahren als auf seriösen Seiten. Da ist der Online-Sex wie der echte Sex. Würden Sie ein Bordell ein zweites Mal besuchen, wenn Sie nachweislich beim ersten Besuch etwas mitgenommen hätten? Eben! Deswegen werben diese Seiten nur für Ihre eigenen, ebenfalls „sauberen" und erweiterten Angebote.
Das Problem ist aber auch nicht das Online-Angebot der renommierten Tageszeitung selbst, sondern die links, rechts, oben, unten zu findenden Werbeanzeigen. Auf dieser Seite

vertraut man denen dann ehr als wenn Sie nackte Tatsachen umrahmen.
Und PENG! Erwischt! Diese Tageszeitung hat die Fläche vermietet und solang die Kohle fließt ist denen erstmal egal, wer da für was wirbt und was dahinter passiert. Also seien sie IMMER wachsam. Nicht nur auf diesen Seiten für Erwachsenen.

Das erinnert mich an ein Anfangsproblem der privaten Webseiten, die ich gerne noch loswerden möchte.
In den frühen Zeiten des Internets für die Massen (so um 2000) hatte jeder Technik-Fan seine eigene Webseite. Der eine präsentierte seine Hobbys Briefmarkensammeln und Peter Alexander Karaoke-Singen, der nächste hatte dort eine Ruhmeshalle aller verstorbenen Haustiere.
Um Leben in die Bude zu bekommen, bot man allen Besuchern der Webseite ein Gästebuch an.
Da das damals aber noch ein „wenig“ Programmieren erforderte, nutzte magere, fertige Gästebücher von Fremdanbietern, die man schnell einbinden konnte.
Selbstlose Firmen boten dies kostenlos an und schalteten nur im 5 Sekunden-Takt Werbung.
Ein fairer Deal mag man meinen. Nur blöd, wenn der Anbieter die Werbefläche an einen Tabak- oder Alkohol-Konzern vermarktet hat und sie das Gästebuch auf der Seite der örtlichen Pfadfinder oder Anonymen-Alkoholiker eingebunden haben.
Diese Anbieter haben sich aber nicht wirklich lang gehalten.

Barcode

Jeder kennt auf den Verpackungen diese kleinen weißen Felder, die mit einer Reihe Striche und Zahlen versehen sind.
An der Supermarktkasse zieht eine meist gegen das Piepen abgestumpfte Arbeitskraft (früher durfte man hier Kassiererin schreiben) das Bild über ein rotes, gelbes oder was auch immer farbiges Licht und wir zucken bisweilen bei dem Piep zusammen.

Respekt vor der Arbeitskraft auf der anderen Seite des Waren-Transportbandes.

Das kommt noch vor dem Piepen der Fritteuse im "Gasthaus zum goldenen Doppelbogen" wie man die Futter-Tempel von McDonald gerne nennt. Aber die anderen Franchise-Fritten-Bräter sind da nicht besser.
Ich würde hier vermutlich nach kurzer Zeit Amok laufen oder mein Hirn abschalten.

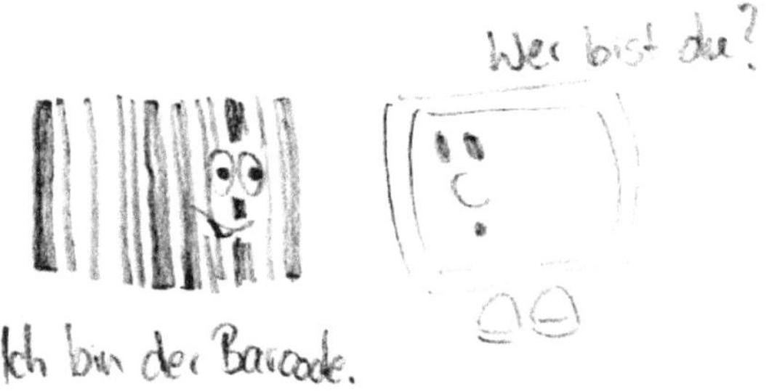

Gut, lassen wir die Arbeitsplatz-Emissionen außen vor und konzentrieren wir uns wieder auf den Zebra-Ausdruck auf unseren Fischstäbchen oder dem neuen Fernseher.
Nicht auf den Fischstäbchen selbst sondern dem Karton.
Wenn die Fischstäbchen selbst diesen schwarzen Streifencode haben, dann haben Sie diese auf dem Grillrost verbrennen lassen. Ja, man kann die Dinger auch grillen.

Also nochmal für alle die es genau nehmen: Ich mein die Streifen auf dem Karton.

Sie nennt man "Barcode", da hier ein Code in Balken (englisch Bar) aufgedruckt ist. Die Zahlen darunter sind nur die normal lesbare Form dieser Balken. Kennen wir ja vom schief gedruckten oder aufgeweichten Etikett. Dann muss die kassierende Person diesen Code eingeben und erhält ebenfalls eine Buchung, als wenn Sie das Etikett über den Scanner (dieses helle Laserlicht) zieht.

Barcodes finden sich in vielen unterschiedlichen Formen und Normungen für unterschiedliche Zwecke wieder. So setzt der Buchhandel auf einen eigenen Code, um seine ISBN-Nummer auf Bücher zu drucken, die Post schreibt unten rechts auf transportierte Umschläge den Zielcode in fluoreszierender Farbe und Firmen nutzen eigene Codes zum Inventarisieren von Eigentum. Allen gemeinsam ist, das eine Zahlen- (und teilweise Buchstaben-)Kombination maschinenlesbar gemacht wird. UND MEHR NICHT!!!

Es gibt Verschwörungs-Menschen, die in diesen unscheinbaren Etiketten das Böse sehen. Die Strahlen des Lasers könnten sich negativ auf die Speisen in einer solchen Verpackung auswirken und ähnliches, aber ich als technisch versierter NICHT-Esoteriker bin da außen vor. Ich brauche weder einen Neutralisator noch einen Sperrstift oder andere im Netz angebotene Hilfsmittel, die mir nur das Geld aus der Tasche ziehen. Im Endeffekt könnte man das Ganze auch dreimal so groß drucken und dann statt einem Laser eine Glühbirne verwenden, aber wer will an seiner Banane schon ein Etikett in DIN A4 hängen haben. Da ist der feine Laserstrahl doch sinnvoller. Dieser trifft auf die hellen und dunklen Stellen des

Barcodes und wird dadurch unterschiedlich stark reflektiert und an einen Empfänger zurückgesendet. Dieser wertet die Impulse dann als elektronische Signale aus. Und damit hat die Kasse die eindeutige Zahlenkolonne für den Artikel Im zentralen Warensystem schaut die Kasse dann nach, was der Artikel aktuell kostet. Somit brauchen nicht mehr die einzelnen Kartons bei einer Rabatt-Aktion mit einem neuen Preisschild versehen werden, sondern nur der Preis im System angepasst werden.

Aber auch für Sie hat das ganze einen Vorteil

Sie haben sich da so ein Dings gekauft. Ganz spontan und das ist echt gut. Aber Sie wissen nicht, wie das Dings richtig heißt und wo Sie das noch herbekommen können, nachdem der Laden es nicht mehr vorrätig hat. Also einfach den EAN-Barcode auf dem Dings suchen und dies auf einer der Suchseiten wie www.ean-suche.de in das Suchfenster eingeben. Dann wird Ihnen der Artikel mit seiner richtigen Bezeichnung und meist sogar einer Bezugsquelle angezeigt.

Also kein Zauber hinter dem Zebra-Muster, sondern einfache Technik und eine große Datenbank mit Artikeln. Mehr kann man mit ein paar Zahlen dann auch nicht darstellen. Und für mehr taugen die Striche nun mal nicht.

Aber der Barcode ist ja auch schon etwas älter. Ich kann mich noch daran erinnern, als in meiner Kindheit die ersten Kassen damit ausgestattet wurden. Das ist also schon ein halbes Jahrhundert her. Mittlerweile gibt es modernere Codes wie den QR-Code, wobei das QR für QuickResponse also „schnelle Antwort" steht. Diese Codes sehen aus wie ein Schachbrett für Verrückte oder sonst irgendeine seltsame Sache. Man findet Sie auf Plakaten, In Dokumenten, Auf

Rechnungen und vielem mehr. Und genauso vielseitig ist auch Ihr Einsatzgebiet.

Beim eingangs vorgestellten Barcode konnte man nur eine Zahlen-Kolonne übermitteln, für die man dann die Bedeutung oder seinen Preis im Warensystem des Supermarktes nachsehen musste. Im QR-Code haben Sie je nach Typ und Größe die Möglichkeit bis zu etwas mehr als 4000 Zeichen zu speichern.

Sie könnten also neben der Artikelnummer gleich die Zusammensetzung Ihres Lebensmittels samt aller Chemikalien auflisten, damit der Endverbraucher gleich weiß, was er sich da einhandelt.

Aber was noch besser als die hohe Speicherdichte ist, das ist die einfache Art, diesen Code auszulesen. Starten Sie die Kamera Ihres Handys und halten Sie diese einmal über den Code. Die meisten Geräte erkennen mittlerweile einen QR-Code. Dann wird Ihnen auf dem Handy-Display das Rezept angezeigt, die Adresse für das Preisausschreiben oder die Voraussetzung für eine Bewerbung bei eben dieser Firma, die groß wirbt.

Aber Vorsicht! Wie ich schon öfter gesagt habe, steht jeden Tag ein Böser auf, der motivierter ist als Sie in Ihrem Bürojob. Während Sie noch im Bett liegen und vom nächsten Urlaub träumen, druckt dieser einen QR-Code und überklebt damit den auf dem Plakat Ihrer Bank. Wenn Sie dann endlich aufstehen und an der Bushaltestelle wie immer auf den nur unwesentlich verspäteten Bus warten, kommen Sie auf die Idee an dem Gewinnspiel teilzunehmen, für das Ihre Bank gerade auf dem Plakat wirbt. Also einfach den QR-Code scannen und die Fragen beantworten. Schon weiß der Böse alles, was er wissen will und Ihre Bank nicht einmal, dass Sie am Gewinnspiel teilnehmen wollten. Wenn Die Webseite entsprechend gut aufgemacht ist, ist man auch gerne bereit die eine oder andere vertrauliche Information dort zu platzieren.

Jetzt sitzen Sie sicherlich wieder mit Kopfschütteln da und denken, der Kerl übertreibt. So blöd ist doch keiner?!?!? Zumindest so viele, dass IT-Sicherheitsexperten dem ganzen einen eigenen Namen („Quishing") gegeben haben. Das macht man ja nicht einfach so.
Obwohl. Ich bin einmalig und meine Eltern haben mir auch einen Namen gegeben.

Probieren Sie doch einmal diesen Code mit Ihrem Handy zu scannen.

Bei einigen Modellen kann es die Kamera selbst in Text umetzen, bei manchen Geräten brauchen Sie dazu eine konstenlose App wie „QR & Barcode Scanner" mit welcher Sie auch selbst Code erstellen können

Es geht in die Praxis

Jetzt haben Sie einmal ein wenig Klugscheiss-Begriffe gelernt. Aber das ist wie mit dem Auto. Die Straßenverkehrsordnung kennen bedeutet nicht, dass man fahren kann. Das lernen wir jetzt:

Wir melden uns an

Der Computer kann alles. So zumindest die Aussage der eingangs schon mal erwähnten Enkelkinder. Aber ist das wirklich so? Wie bei vielen Dingen kann man das nicht mit JA oder NEIN beantworten. Es kommt auf die Programme an, die auf dem Computer sind. Und auf die Hardware. Auf die Peripherie, auf den User, auf...
Ich merk schon, Sie sind kurz davor weiterzublättern oder das Buch zu verbrennen.

Immer diese Fachwörter, von denen selbst die meisten Nutzer nicht wissen, was Sie wirklich bedeuten.
Also fangen wir mal an, dass Stück für Stück zu zerlegen. Und nehmen wir uns gleich das erste doch recht banal klingende Wort "Nutzer". Das sind Sie UND den brauchen Sie, um in den Computer hinein zu kommen. Nein, nicht in die kleine Kiste auf Ihrem Schreibtisch, sondern in das Betriebssystem. Das lässt Sie meist nur mit dem Computer arbeiten, wenn es weiß, dass Sie es sind.

Nutzer

Der Nutzer ist der oder die oder das Person (auch ich kann gendern, finde es aber doof und lass es hier im weiteren Verlauf*) der einen Computer, ein Tablett oder ähnliche Geräte **be**nutzt. Manchmal spricht man auch genderignorierend von dem Benutzer oder weltmännisch englisch vom User (das spricht sich "Juser").

Der Nutzer, Benutzer oder User hat zwei Funktionen.
Einmal ist es die Person, die einen Computer nutzt. Meist spricht man dann abwertend von dieser Person, weil diese

den Computer nicht versteht. Der Fehler des Computers ist dann auch ein Nutzerfehler oder Error-by-User.
Zum anderen ist der User/Nutzer/Benutzer eine fest einer natürlichen Person zugeordnete Bezeichnung. Mit dieser meldet er sich an seinem Computer an, damit dieser weiß wer vor ihm sitzt. Er sagt Anwendungen und Webseiten, dass er Max Mustermann und nicht Erika aus dem gleichen Haushalt ist. Damit Erika aber nicht an die E-Mails (elektronische Nachrichten, gesprochen Imäls") kommt, ist oft eine Authentifizierung erforderlich. Dazu gibt man dann ein Passwort ein oder nutzt seinen Fingerabdruck oder ähnliches. Das ganze nennt man dann sich anmelden oder auch Login ("Log in" gesprochen)

*Wer eine gendernde Version des Buches erwartet, kann gerne ein Update zum einmaligen Angebotspreis von 500.-€ bei mir bestellen

Authentifizierung

Es gibt verschiedene Arten, sich zu authentifizieren, also zu beweisen, dass man der ist der man behauptet zu sein. Einfach zu sagen, ich bin der König reicht nicht aus. Da bedurfte es schon früher des königlichen Sigels.
Die einfachste und bekannteste Art heute ist wohl ein Personalausweis. Aber wenn Sie nun mal so ein Allerweltsgesicht haben, dann wird das schon manchmal etwas schwer. Oder nehmen Sie die Senioren mit Ihren grauen, 50 Jahre alten und 10-mal gewaschenen Führerscheinen. Ach, die heißen ja jetzt politisch korrekt Fahrerlaubnis? Mir egal. Jedenfalls könnte jeder beliebige 80jährige die Lizenz meines Vaters nutzen. Also eine nicht ganz so sichere Sache.

Genauso ist es beim Computer. Da sagen Sie erstmal, Sie sich der Benutzer. Da der Computer aber auch akzeptieren würde, dass ich mich als meine Frau ausgebe (ohne Ihren BH und Rock zu tragen) in dem ich Ihren Namen eingebe, braucht es einen Faktor, der sicher bestätigt, dass es tatsächlich meine Frau ist und nicht ich. Dies kann dann durch ein geheimes Passwort sein (Wissen) oder einen Fingerabdruck (Sein) oder eine Sicherheitskarte (Haben). So funktioniert es bei allen modernen elektronischen Geräten und ist immer so ausgelegt, dass es entsprechenden Schutz gibt. Aber der Schutz ist nur so gut, wie das Passwort.
Beim Rechner meines Kumpels ist dies immer einer der Berge, die er besiegen hat. Nicht sonderlich einfallsreich, da Berge bei Ihm erst bei 3000m anfangen und er Flugangst hat. "Mount Everest" fällt also schon mal aus.
Hat man nur einen Computer zum Spielen, mag das ausreichen. Handelt es sich aber um einen Computer für geschäftliche Zwecke, sollte man diesen schon besser schützen. Entweder durch weitere Schutzmaßnahmen, dem systemseitigem Zwang zu komplexen Passwörtern oder ähnlichem. Und das gilt analog auch für andere elektronische Systeme.

Wenn ich also z.B. Geld vom Konto meiner Frau "leihen" möchte, brauche ich eine Zweifaktor-Authentifizierung. Ich brauche die Karte **und** die PIN-Nummer (also "Haben" **und** "Wissen"). Da meine Frau von mir viel lernt, weiß Sie, dass die PIN nicht auf die Karte geschrieben werden soll. Sonst hätte ich zweimal "HABEN".

Ihr Handy (also Ihres werte Leserschaft, nicht das von meiner Frau) ist da weniger anspruchsvoll. Da reicht erst einmal die vierstellige PIN um es einzuschalten und für Anrufe erreichbar zu sein. Will man hingegen an modernen Handys die darauf befindlichen Programme nutzen, bedarf es je nach Gerät und Einstellung einer weiteren PIN, einem Passwort, einer Wischgeste oder sogar Fingerabdruck oder Gesichtserkennung.

Nach einer durchzechten Nacht mit meinen Bundeswehr-Kameraden zum Jahrestag unseres Ausscheidens kann ich von letzterem jedoch nur abraten. Ich konnte nicht mal meine Frau anrufen, dass Sie mir vom Einkaufen Aspirin mitbringt. Das Handy kannte mich nicht (mehr).

Passwort

So ein Passwort soll wie schon öfter erwähnt und überall propagiert nicht einfach zu erraten sein.

Der eingefleischte VfB-Fan ist gut und sicher damit beraten, als Passwort "Schalke" zu nehmen statt "Rot Weiß" oder "Daimlerstadion". Aber auch die Namen der (Enkel-)Kinder, Haustiere oder andere Lieblinge sind schnell erraten. Dann doch lieber den von Ex-Frau, meistgehasstem Lehrer oder ähnlichem.

Meist reicht das aber nicht als Passwort aus, da sichere Systeme auch Zahlen und andere Sonderzeichen fordern.
Gut, wenn die Ex-Frau Uschi hieß. Dann können Sie U5ch1 oder U$ch1 schreiben. Sieht fast wie Uschi aus, ist aber mit einer 5/$ und einer 1 statt einem i und hat damit auch Zahlen/Sonderzeichen.
Das Ganze nennt sich Leetspeak*
Eines gilt es bei der Nutzung von Sonderzeichen jedoch zu beachten. Die Tastatur. Solange Sie sich im deutschsprachigen Bereich (inkl. Bayern) aufhalten, klappt das alles ganz gut. Versuchen Sie aber mal in Amerika auch nur einen Umlaut einzugeben, wird es schon schwer. In anderen Ländern haben Sie hingegen mehr Buchstaben als Ihnen lieb sind und auch solche, die Sie nicht kennen. Aber auch die Nutzung eines ß oder § kann schwierig werden. Das kennen die Cowboys nicht. Und andere Zeichen finden sich auf anderen Tasten versteckt. Dies nur einmal so für den nächsten Urlaub als Überlegung am Rande.

Und wenn Sie doch deutsche Umlaute nutzen wollen.... Urlaub in Oberbayern oder Schleswig ist auch nett.

***Leetspeak:** dabei werden Zahlen und Buchstaben durch ähnlich aussehende Zeichen ersetzt wie z.B. ein S durch ein $, eine 5 durch ein S oder $ und eine 7 durch ein T und umgekehrt. Ein K können Sie durch |< schreiben und das & sieht fast aus wie eine 8.
 Das menschliche Auge gewöhnt sich an alles - sogar an meine Großtante - warum also nicht auch daran.

Wir fangen an zu arbeiten

So. Nun haben wir den Computer also eingeschaltet, Ihm gesagt wer wir sind und mit dem Passwort bewiesen, dass wir es tatsächlich sind. Toll!!!
Jetzt haben wir ein riesiges Sammelsurium an kleinen Symbolen und im Hintergrund irgendein Bild. Das gibt Ihnen Microsoft vor, aber Sie können es gerne ändern. Es ist nun mal nicht jedermanns Geschmack, was die da hinzaubern.

Das ganze Bild, was Sie da jetzt haben ist Ihr Desktop was zu Deutsch Schreibtisch lautet. Hier finden Sie alle wichtigen Programme und können auch Notizen, Textdateien und anderes ablegen. Und wie bei einem echten Schreibtisch, kann man diesen Desktop auch zumüllen. Es gibt Menschen, die haben hier mehr Symbole angeordnet, als auf den Bildschirm passen. Das Geschrei ist dann auch wie im wahren Leben, wenn man etwas nicht wiederfindet. Der Desktop sollte nur die Symbole für die von Ihnen häufig genutzten Programme oder Dateien genutzt werden um die Übersichtlichkeit zu erhalten. Die Vorlage für die jährliche Weihnachtskarte oder die Dokumente für den Steuerjahresausgleich gehören in einen Datei-Ordner. So wie im früheren Papier-Leben.

Aber je nachdem welche Programme Sie mit Ihrem Computer gekauft haben oder welche Ihnen der eine oder andere „Experte" der Familie installiert hat, sieht dieser Desktop dann dennoch sehr wirr oder „vollgemüllt" aus. Ihnen das jetzt alles zu erklären ist dann doch zu viel für ein einzelnes Buch. Das wird dann wohl ehr eine Fortsetzungsreihe. Oder ein Wochen-Journal.

Wir konzentrieren uns im Weiteren auf das Internet und so brauchen wir den Browser (gesprochen Brauser). Dieses Programm stellt Ihnen die Verbindung zum Internet her und zeigt dessen Inhalte an. Suchen Sie also einmal nach einem Programm-Symbol wie Firefox, Edge oder Chrome.

Neben Ihrer Tastatur liegt im Normalfall eine Maus. Das ist ein meist ovales Plastik-Teil, dass mindestens über zwei Tasten verfügt, welche Sie mit den Fingern abdecken, wenn Sie die Hand darauf legen. Piept das Ding beim Handauflegen und rennt weg, war es eine echte Maus und sie sollten mal den Kammerjäger informieren. Welcher hier der Beste ist, erfahren Sie auch im Internet.

Piept Ihre Maus nicht sondern bewegt sich ein Pfeil auf Ihrem Bildschirm, wenn Sie die Maus auf dem Tisch bewegen, dann ist es richtig.

Mit diesem Pfeil können Sie nun auf Dinge zeigen, die sich auf Ihrem Desktop befinden und durch Klicken der linken Maustaste diese anwählen. Suchen Sie also die vorher genannten Symbole eines Browser-Programmes und klicken Sie es an. Wenn Sie zweimal kurz hintereinander darauf klicken, weiß der Computer, dass Sie dieses Programm öffnen wollen. Manche sagen auch Sie starten ein Programm.

Wie dem auch sei. Es öffnet sich nun ein Fenster auf Ihrem Desktop und Sie sind online.

Wir gehen online

Jetzt haben Sie sich von Ihrem Nachbarn, Enkel oder irgendeinem anderen der 85 Millionen Computer-Experten in
Deutschland ein ideales Computer-Modell zusammenstellen
lassen.
Klar: Aktuell ist weder Olympiade noch Fußball-WM. Da sind
diese Experten am Stammtisch auch für Ihre Bedürfnisse
verfügbar. Aber ist das von diesem Experten empfohlene
Equipment wirklich nötig. Sie fahren schließlich auch nicht
unbedingt mit einem Porsche zum Einkaufen und mit einem
Schulbus zum Wochenende mit einer vierköpfigen Familie.

Wie dem auch sei, steht nun eventuell ein Hochleistungsge-
rät auf ihrem Schreibtisch, der sie aber nicht wirklich weiter-
bringt weil Sie allein sind. Das ist wie Meisner Porzellan und
die teuren Kupfertöpfe, aber keiner ist da, der zum Essen
kommt.

Beim Computer ist es hingegen einfacher. Sie gehen einfach
online, denn im Internet finden Sie (um beim Gleichnis Kochen zu bleiben) für jeden Topf einen Deckel.

Das Internet

Bei dem Kapitel holen wir mal "etwas" weiter aus. So wie mein Onkel, wenn er wieder mal von einem seiner unsäglich langweiligen Wandertouren berichtet. Über das, was es im Netz gibt, könnte man sogar ein eigenes Buch schreiben. Aber es ist wie im Büro

"Was im Büro passiert, bleibt im Büro"
" Den kranken Scheiss glaubt außerhalb eh kein Mensch"

Das Internet - Der Allwissende Raum !!!

Zumindest wenn man teilweise nach den Ansichten meiner Eltern und anderer Senioren geht. Selbstverständlich haben meine Eltern einen Computer und sind auch online. Aber eben nur mit E-Mail, WhatsApp und ein paar für Sie relevante Seiten. Reicht ja auch.
Mutter kann nach 80 Jahren (immer noch) hervorragend kochen und braucht keine Ratschläge aus dem Netz, wie man das Anbrennen von Suppe verhindert. Vater im gleichen Alter braucht auch keine Webseiten von der kleinen Blondine, die ihm im nächtlichen Privatfernsehen beim Werbeblock nackt und stöhnend entgegenspringt.
Den ersten Werbeblock verschläft er eh schon meist. Die schauen dann ehr die sehr herzschonende Webseite Ihres Heimatortes oder ähnliche statische Dinge an.
Mehr brauchen Sie auch nicht, so die eigene Aussage. Das ist ehr was für "Euch Junge".

Aber zum Glück sind meine Eltern damit auch zufrieden und rufen mich dann nicht wie andere Familiensenioren an und fragen, ob sich Frau Müller neulich weh getan hat, als Sie

auf dem Glatteis ausge-
rutscht ist weil Sie alles
mitbekommen und liken.
Irgendwie verstehen meine
deshalb auch nicht, dass
der Großbrand im örtlichen
Chemie-Lager schnell bei
Facebook die Runde macht
und ich dann besorgt an-
rufe und denen zum Fens-
terschließen rate. Das Fa-

cebook hingegen nicht von der Glätte und dem Hinterteil
von Frau Müller schreibt, verstehen Sie dann nicht. Frau
Müller ist schließlich eine örtliche „Berühmtheit"
Sie verstehen das auch nicht? Also, dann müssen wir wohl
mal das Internet komplett zerlegen. Um Ihnen das mal etwas verständlicher zu machen. Aber keine Angst. Wir machen es weder kaputt, noch löschen wir es. Auch wenn
schon manche dachten, Sie hätten das geschafft.
Warum man das Internet nicht löschen kann, kann man nur
verstehen, wenn man es versteht. Oder zumindest mal die
Zusammenhänge erkennt. Richtig verstehen kann ich das
Internet manchmal auch nicht. Mag aber auch an den Leuten dort liegen, die man nicht verstehen kann.

Die Entstehung

Was ist denn nun dieses Internet, und dann auch das Intra-
net, das Darknet und diese ganzen anderen net(ten) Sachen?
Also am Anfang bestand das Internet aus ein paar Computern des amerikanischen Militär, die man mit Drähten zu-
sammengeschaltet hatte. Das Ganze war das ARPANET.

Wenn aber nur Militärs miteinander reden, wird es schnell langweilig.

Immer nur "Peng Peng, Bum Bum" ist auf Dauer öde. Also holten sich die Militärs noch Wissenschaftler dazu. Und jeder von uns weiß, was diese Intelligenz-Bestien für Stimmungs-Kanonen und Party-Tiere sind. Da hätte man auch gleich das Altersheim einer Nordsee-Hallig* anbinden oder unter den Militärs bleiben können.

Das haben dann die Helden der Landesverteidigung auch irgendwann eingesehen und das Netz aufgemacht für jedermann.

Naja, und da es damals noch kein T-Online, Vodafone und AOL gab, waren es auch erstmal nur die technischen Enthusiasten die sich im Netz tummelten. Man teste aus, was alles möglich war und nutzte die Freiheit weltweit zu kommunizieren. Und das ohne große Antennen wie bei den CB-Funkern. Am Anfang waren es dann auch nur einfache Texte die untereinander ausgetauscht wurden, aber mit steigender Teilnehmerzahl und immer neuen Techniken wurde es auch immer belebter und beliebter. Wo sich die Änderungen ergaben, erkläre ich später. Kommen wir erstmal zu der Funktionsweise des Internets.

Die Technik dahinter

Die Technik des Internets ist faszinierend und nicht ganz einfach zu beschreiben. Sie ähnelt einem Hirn.

Nein, nicht weil sich fast alles um Sex dreht, wie schon Sigmund Freud behauptet hat. Die einzelnen Rechner sind ähnlich dem Hirn netzartig verbunden. Es geht recht wirr aber nach festen Regeln zu.

Stellen Sie sich das Telefonnetz der 50er Jahre vor. Wenn Sie aus dem kleinen westfälischen Städchen Schwelm (Ja!

Im Gegensatz zu Bielefeld gibt es das tatsächlich) nach New
York telefonieren wollten, dann haben Sie die Vermittlung
angewählt.
Die hat dann die nächste Stelle angerufen, diese wiederum
eine weitere und irgendwann stand dann eine Verbindung zu
Onkel Gustav in New York. Dazwischen hingen dann mehrere feste, immer gleiche Vermittlungsstellen. Hat dann irgendwer auf der langen Leitung den Draht gekappt war
Ruhe.

Teilweise musste man solche Gespräche anmelden oder
lange warten. Blöd, wenn Gustav dann nicht einmal daheim
war. Es gab nämlich noch keine Anrufbeantworter.

Beim Internet ist das anders. Die Leitung steht nicht dauerhaft zwischen zwei Computern und sie geht auch nicht immer über dieselben Wege. Ihr Computer und der Computer
am anderen Ende (egal ob es ein Mail-Server, eine Webseite
oder sonst ein Gerät ist) tauschen die Informationen nach
einem festen Protokoll aus. Dazu werden die Daten in Pakete gepackt und einzeln durch die Leitung geschickt und
am Ende zusammensetzt.

Stellen Sie sich die Tageszeitung als Konfettipaket vor. Ein
kleiner Sack geht von der Druckerei über Strecke A zu Ihnen
heim, weitere Pakete über Strecke B, C und D und in Ihrem
Keller sitz ein kleines Männchen. Dies klebt alle Papier-
schnipsel zusammen, bügelt Sie und wirft sie dann als Zeitung in den Briefkasten.
Geht eines der Pakete verloren, kann die Zeitung dennoch
zusammengeflickt werden, weil das Männchen das fehlende
Paket neu ordert.

Klingt wirr? Das wird noch wirrer. Die Strecken sind nicht direkt. Diese sind über mehrere Zwischenpunkte und diese sind nicht auf direktem Weg. Ihre Zeitung von München auf dem Weg nach Stuttgart kann auch den Weg über Hamburg, Paris und Berlin nehmen. Theoretisch !!!

Wie das genau funktioniert und optimiert wird? KEINE AHNUNG! Ist mir auch egal. Wichtig ist, dass meine Datenpakete dies wissen und ich das angeforderte Bild der Bikini-Schönheit auch als solches bekomme und es nicht mit Teilen aus dem Katzenfoto von Tante Uschi vermischt wird.

Also gut. Wir wissen jetzt, dass da Computer miteinander "kommunizieren" und dass diese teilweise genauso umständlich wie Menschen miteinander im Austausch sind, statt einfach auf den Punkt zu kommen. Aber warum?

Weil das Militär sich das beim Hirn abgeguckt hat. Onkel Hubert hat nach seinem Schlägle** und dem Verlust von ein paar Zellen das Reden wieder gelernt. Da haben dann andere Hirnregionen übernommen. In seinem Fall waren es vermutlich welche aus dem Bereich der Enddarmsteuerung. Zumindest, was seine der REHA folgenden, verbalen Ergüsse anging. Ebenso agiert das Netz. Fällt auf der Strecke Stuttgart-München der Knotenpunkt Ulm aus, fließen die Daten automatisch über Nürnberg***.

*Ganz ehrlich! Wer hat jetzt gleich bei Google (einer Suchmaschine) nachgesehen, ob es überhaupt irgendeine Hallig mit eigenem Altersheim gibt?

** Schwäbischer Ausdruck für Schlaganfall oder auch "Apoplex"

*** Disclaimer für das Management der Deutschen Bahn: Diese Technik funktioniert bei elektronischen Signalen mit einer Laufzeit im Millisekunden-Bereich. BITTE kommen Sie nicht auf die Idee, bei der nächsten Weichenstörung in Ulm den ICE von München nach Stuttgart über Berlin und Hamburg umzuleiten.

Das Routing

Aber woher weiß nun Ihr Computer, Tablet oder Handy (die nutzen schließlich alle die gleiche Technik - ja auch Apple), dass der Server mit der Webseite der Stuttgarter Firma XY-Handel nicht in Stuttgart, sondern in München steht?
Zuerst haben Sie ja die Adresse wie zum Beispiel www.Handel-xy-stuttgart.de Das sendet Ihr Computer nun an einen DNS-Server. Dieser **D**omain-**N**ame-**S**erver schaut in seinem Verzeichnis nach und spuckt die tatsächliche Adresse aus die man auch IP-Adresse nennt.
Diese schickt er jetzt an Ihren Rechner zurück. Mit dieser neuen Adresse, kann Ihr Computer dann den Server rufen, auf dem die wirkliche Webseite liegt.

Nehmen wir einmal das Beispiel des Quelle-Versand. Für uns pubertierende der Siebziger war deren Katalog die Papierversion und Vorgänger von Online-Shops, Nacktbildern und anderem, was das Internet heute bietet.
Man bekam alles was man brauchte.

Irgendwann hat Quelle dann eingesehen, dass seine dicken Kataloge in Zeiten einer grünen Regierung nicht mehr zeitgemäß sind und das ganze online auf www.quelle.de zum Lauf angeboten. Also, Sie geben die Adresse www.quelle.de in Ihr Gerät ein und der DNS-Server meldet Ihnen dann die IP-Adresse 185.85.0.81 zurück. Mit dieser ruft Ihr Computer

noch einmal hinaus in die Weiten des Netzes und bekommt
die Startseite von Quelle angezeigt.

Die Webseite

Ob es dann bei dieser einen Seite bleibt, oder ob Ihr Computer Informationen von mehreren anderen Computern angezeigt bekommt, liegt an dem mehr oder weniger kreativen
Geist, der die Seite gestaltet. Bei großen Firmen besteht hier
kein Zweifel, da diese meist professionelle Firmen beauftra-
gen. Seine Firmenlogo lässt man ja auch nicht von der Kin-
dergarten-Kreativ-Gruppe der 4 jährigen Tochter entwerfen.

Bei kleinen Firmen machen es dann oft mehr oder weniger
begabte Personen (sofern sich der Inhaber des Unterneh-
mens nicht sogar selbst versucht).
Diese nennen sich dann meist Webdesigner, Content-Mana-
ger oder haben sonst irgendwelche hochtrabenden Namen.
Meist schaffen sie es aber gerade mal, Ihren oder den Namen der Webseite richtig zu schreiben und nutzen für noch
weniger wissende Kunden fertige Baukästen oder Content
Management Systeme.

Damit schafft es jeder einigermaßen farbbegabte eine Seite einigermaßen ansprechend aufzubauen. Auch Zusatzfunktionen wie Passwort-Schutz, Bilder-Galerie oder andere Dinge sind heute kein Einstellungskriterium für einen Informatik-Absolventen oder einen Kernwissenschafter mit abgebrochenem Studium. Die kreativsten und naturwissenschaftlich benachteiligten Teenager machen hier in kurzer Zeit eine tolle Seite fertig. Früher musste man diese Seite stückchenweise in **HTML*** programmieren. Dies war die "Sprache" für solche Seiten und gab nicht wirklich viel her. Ein paar Schrifttypen, ein paar Schriftgrößen, Fett, Kursiv und noch ein wenig Pseudo-Design.

Bilder einbinden in den Text war zwar auch möglich, setzte jedoch eine vorherige Bearbeitung voraus. Andernfalls hätte selbst ein Bild von 2x3cm beim Seitenbesucher nach dem Aufruf länger gebraucht, als wenn man es sich selbst malt. Das lag einerseits an den Geschwindigkeiten der Netzverbindung, andererseits an der Darstellung. Schon damals brauchte man für das Darstellen eines Bildes nicht die volle Qualität und damit Dateigröße. Und dann die Musik. Am Anfang war das nur ein Piepen. Stellen Sie sich vor Ihr Enkel spielt Beethovens 5. auf der Blockflöte. Genauso trostlos und teilweise schief. Erst weit später kamen dann Dateiformate, die ein Orchester einigermaßen wohlklingend in verträglicher Qualität wiedergeben konnten. Das Video war noch in weiter Ferne und Youtube nicht mal bei deren Machern in Überlegung.

Heute können wir mal eben schnell nachsehen, wie das Wetter am Urlaubsort tatsächlich ist und ob der Skilift in 200km schon läuft und die Schlange davor noch klein ist und das in einer Qualität, dass man den Ski-Haserl'n stundenlang zusehen könnte.

Denken Sie Streaming-Dienste wie Netflix, Amazon-Prime
oder Disney+ kommen über die Antenne? Die Verkehrs-In-
formationen von einem Anwohner der beim Radio angerufen
hat um über den Stau vor seinem Wohnzimmer zu berichten?

Heute geht ohne das Internet nichts mehr im Leben. Das ist
keine Übertreibung Ihrer Enkel. Ob die Logistik der Spedi-
tion, die Ihren Supermarkt versorgt, die Kommunikation Ihrer Bank mit Ihrem Aktien-Depot, oder der Großkonzern mit
seinen weltweiten Niederlassungen. Mich erreichen Sie zum
Beispiel immer unter meiner Festnetznummer zum Ortstarif.
Egal wo auf der Welt ich mich befinde. Außer bei der Familie
meiner Frau am Bodensee. Da hab ich außerhalb des Hauses
kein Internet. Aber das ist ein anderes Thema, auf das ich
noch eingehen werde. Ebenso wie auf die anderen Nut-
zungs-Möglichkeiten.
Machen Sie aber erst mal eine Pause, verdauen Sie diesen
Rundumschlag und schauen Sie zur Abwechslung ein paar
Katzenbilder* im Internet.

Cookies

Was findet sich im Internet am meisten wieder? Klar, Nackt-
fotos, Pornos, rechte Hetze und Katzenbilder.
Aber es gibt noch was Schlimmeres.
Und zwar auf fast jeder Seite.

Die Rede ist von Cookies (gesprochen Kuukies). Cookies ist
englisch für Kekse aber im Internet finden wir Cookies nicht
nur auf der Webseite von Bahlsen, DeBeukelaer oder dem
Ikea-Onlineshop unter "Gebäck & Desserts".
Böse Zungen behaupten ja, die Skandinavier würden das Sä-
gemehl aus der Billi-Regal-Produktion hier als Hafer-Kekse
gepresst weiterverkaufen. Nein!!! Erstens schmecken die
Dinger klasse, mir jedenfalls und außerdem finden wir Cookies auf fast jeder Seite. Ganz ohne Butter und Zucker. Aber
mit jeder Menge Daten gefüllt. Und das ist es, was diese
Dinger ausmacht.

Keine Ahnung, wer den Begriff Cookie geprägt hat. Aber die
haben schon was von diesen Keksen, die die bösen Männer
kleinen Kindern anbieten. Vielleicht deshalb?

Keine Panik, Sie werden jetzt nicht gleich in einen Keller

verschleppt, weil Sie einen Cookie annehmen. Aber dennoch sollten, wie uns die einmal näher ansehen. Wie funktionieren Sie, was machen Sie und was kann man dagegen tun.

Also erstmal rein technisch gesehen ist ein Cookie eine kleine Textdatei, die automatisch auf Ihrem Computer gespeichert wird, wenn Sie eine Webseite aufrufen. Da sammeln sich dann schnell einige bei einem durchschnittlichen Internet-Nutzer. Das merken Sie ja an den ganzen Meldungen zu "Privacy", "Cookie-Richtlinie" und wie die Seiten-Betreiber es noch so nennen.

Kennen Sie eine Seite, auf der diese Meldung nicht erscheint?
Und sind sie mal ehrlich. Meistens geht uns dieses riesengroße Fenster mit der Meldung auf den Nerv und wir klicken es einfach ohne näheres Hinsehen durchlesen oder ähnliches weg.
Die männlichen und verheirateten Leser unter ihnen werden jetzt wahrscheinlich sagen

"Das kenne ich von meiner Frau. Einfach alles abnicken, ohne genau hinzuhören. Hauptsache man hat seine Ruhe".

Mittlerweile gibt es kaum eine Webseite, die nicht das eine oder andere Cookie auf ihrem Computer speichert, sie können diese natürlich ablehnen aber dann haben sie Probleme in der Darstellung der Website oder Nutzung gewisser Services die diese Website anbietet. Es reicht damit aber nicht aus EIN Cookie anzunehmen.

Nicht jede Seite speichert EIN Cookie auf Ihrem Computer, sondern die meisten Seiten speichern gleich eine ganze

Keks-Schüssel voll auf Ihrem Endgerät. Je nachdem, was die Seite Ihnen anbietet und wie Sie es offeriert.

Vor einigen Jahren noch kamen Webseiten grundsätzlich ohne Cookies aus.

Das würden sie auch heute noch. Allerdings hätten dann weder sie wirklich einen Nutzen von der Webseite noch die Webseite einen Nutzen von Ihnen.

Und damit sind wir beim Hauptgrund für den Einsatz von Cookies.

Beim Besuch einer Webseite speichert diese in den Cookies einiges an Informationen zu Ihnen, ihrem Verhalten und Ihrem Computer. So weiß die Webseite zum Beispiel, dass Sie nicht über eine Suchmaschine auf diese Webseite gestoßen sind, sondern von einer anderen Webseite "überwiesen" wurden.

Ihnen selbst mag dies egal sein, aber wenn die Webseite weiß, dass Sie das ein bestimmtes Thema interessiert und sie dadurch auf die Seite gestoßen sind, werden Ihnen eventuell andere Themen offeriert, als wenn Sie über eine Suchmaschine kommen. Auch kann eine solche Absprungseite Informationen übergeben. Es ist ein Unterschied, ob sie von der Seite eines Discounters kommen oder von einem Feinkosthändler „überwiesen" werden. Dementsprechend werden ihnen eventuell andere Waren oder Dienstleistungen offeriert. Und der Überweisende bekommt für Sie eventuell eine Prämie verrechnet.

Auch das weitere Verhalten auf der Webseite wird in diesen Cookies gerne protokolliert, sodass man ihnen immer wieder neue interessante Angebote einblenden kann oder Ihnen bei Ihrem nächsten Besuch in einem Tag oder drei Wochen weitere personifizierter Angebote unterbreiten kann. Dies hört sich im ersten Moment recht angenehm und komfortabel an, kann aber schnell ins Gegenteil umschlagen. Sie sind für eine solche Webseite besser zu durchschauen als für Ihren Ehepartner. Tolles Stichwort:

Stellen sie sich vor, ihr Ehepartner recherchiert auf Ihrem gemeinsam genutzten Computer bei einem beliebten Online-Händler nach einem geeigneten Geburtstagsgeschenk für sie. Wenn sie beim nächsten Mal die Webseite dieses Online-Händlers aufrufen, werden Ihnen ähnliche Artikel aus dieser Warengruppe offeriert, auch wenn sie bisher nie Interesse daran hatten.

Werden Ihnen als 60-jährigem katholischen Mann mit erzkonservative Erziehung also zukünftig im allgemeinen Onlinestore Piercing-Stecker oder Sex-Toys angezeigt, sollten Sie mit Ihrer Partnerin reden oder sich zumindest beim Auspacken des Geburtstagsgeschenks sehr überrascht zeigen.

Neben diesen Cookies gibt es auch jene, die wirklich erforderlich sind. So zum Beispiel Cookies, die nach einem Login wie zum Beispiel ihrem Online-Händler oder der Vereins Website oder auf Facebook speichern, dass Sie es auch weiterhin sind, obwohl sie die Seite mittlerweile gewechselt haben. Andernfalls müssten sie bei jedem Rückkehr auf die Facebook Seite erneut ihr Passwort eingeben und der Warenkorb bei Ihrem Online-Händler wäre auch gegebenenfalls wieder gelöscht.

Aber auch viele andere Effekte einer Webseite werden durch die Cookies gesteuert. Sei es die grundsätzliche Darstellung der Website auf ihrem persönlichen Computer mit ihren persönlichen technischen Eigenschaften oder ihre aktuellen Interessen, die Sie auf anderen Webseiten bereits kundgetan haben oder die Weitergabe ihrer Informationen an weitere

Dienstleister die daraufhin weitere Angebote für Sie bereit-
stellen.
Man spricht in solchen Fällen zum Beispiel gerne auch von
einem Tracking zu Deutsch "Verfolgen" ihres Surfverhaltens
bzw. Ihrer Bewegung im Netz. Sie kommen von der Webseite A über die Webseite B, schauen bei der Seite C vorbei
und landen dann endlich bei der Webseite D. Damit weiß
man sehr viel über Sie.

Um Cookies hier wirklich bis ins Detail erklären zu können,
würden wir eine Vielzahl an Buchseiten benötigen und ihr
Gehirn ähnlich Ihrem Rechner mit Cookies überfüttern. Be-
schränken wir uns daher einfach auf ein paar grundlegende
Aussagen
* Die meisten Webseiten funktionieren auch ohne die
  Zustimmung zu den angebotenen Cookies mehr oder
  weniger gut
* Cookies dienen im Regelfall der Gestaltung der Website, zu ihrem eigenen Komfort, oder zur Speicherung
  beziehungsweise Analyse ihrer persönlichen Daten,
  um diese an den Anbieter zu übermitteln
* Oft kann man gerade den "schlimmsten" Cookies
  nicht einmal widersprechen da diese essentiell zum
  Ausführen der Webseiten sind
* Das regelmäßige Löschen der Cookies auf ihrem Computer erschwert es zumindest einmal den Anbietern
  über einen längeren Zeitraum ihr Internetverhalten zu
  analysieren und längerfristige Daten über sie zu erhe-
  ben.

Löschen Sie daher Cookies regelmäßig von Ihrem
Computer. Wie sie das für den jeweiligen Computer
und Browser-Typ machen, finden Sie in einer der

gängigen Suchmaschinen beschrieben. Geben Sie hier einfach "Cookies löschen" ein.

- Cookies sind bei weitem nicht so böse wie sie gerne dargestellt werden. Allerdings sind sie datenschutzrechtlich betrachtet eine Offenbarung des Nutzers an das Internet. Oft wissen Webseitenbetreiber dadurch mehr über sie, als ihnen selbst zu Ihrer Person bewusst ist oder Ihr Friseur oder Nachbar (Selbst der im schwäbischen Dorf) über Sie weiß.

Internet-Dienste (Ein erster Überblick)

Wie schon geschrieben, ist im Internet jeder Rechner mit jedem Rechner verbunden. Mehr oder weniger. Wie im wahren Leben. Sie kaufen im gleichen Supermarkt wie Oma Kruse zwei Straßen weiter ein, kennen die alte Dame aber nicht. Die kennt aber den Horst vom Nachbarhaus, mit dem Sie abends beim Skat sitzen. Und alle zusammen kennen Sie aus unterschiedlichen Gründen Uschi aus dem Nachbarort. Aber direkt reden miteinander werden Sie vermutlich nie.

Nun gibt es aber eben nicht nur den Supermarkt oder Laden, den Sie kennen, sondern auch dessen Nebenzimmer. Da kommen Sie nur rein, wenn Horst dabei ist. Andere Läden kennen Sie gar nicht, weil die keine Werbung machen und Sie alle gehen in die Stadtbücherei. Nur eben in unterschiedliche Abteilungen.

Ähnlich ist es beim Internet. Da gibt es einmal die großen Platzhirsche wie den Online-Händler "Amazon". Irgendwo hab ich mal den Begriff "Das Warenhaus vom lieben Gott" aufgeschnappt und das passt auch ganz gut. Da bekommen sie alles, was legal verkauft werden kann. Zum einen verkauft Amazon Waren selbst, bietet aber auch kleinen Händlern eine Plattform Ihre Waren zu vertreiben. Fast so, als würde es im großen Bekleidungs-Haus der Stadt noch eine kleine Ecke geben, in der Oma Kruse Ihre handgestrickten Socken vertickt. Gegen eine kleine Abgabe an den großen Laden.
Nur, dass Omi Ihren Rollator morgens nicht in den Laden schieben muss, sondern das von daheim machen kann, während sie Vogel Hansis Pfeifen lauscht.

Es gibt die selbstlosen sozialen Medien, die ihnen kostenlos
die Möglichkeit geben, mit allen Menschen der Welt in den
Kontakt zu treten und sich über Kochrezepte oder die die
Theorie "die Erde ist eine Scheibe und keine Kugel" auszu-
tauschen.
Sie müssen nicht bei Eis und Regen auf dem Flohmarkt stehen um das geerbte Meissner-Porzellan für 10.-€ zu verti-
cken, sondern können es für richtiges Geld online versteigern. Und Opa Kruse muss nachts nicht bei gleichem Regen
vor dem Fenster der Nachbarin ausharren, um diese kurz
beim Ausziehen zu beobachten. Das kann er bequem in Zeit-
lupe aus dem warmen Schaukelstuhl machen. Und da sind
tausende von Freundinnen der Nachbarin zur Auswahl mit
dabei.

Nach der Popularisierung (gibt es den Begriff?) des Internets
konnte jeder mitmachen. Mit jedem und alles. Fast wie Dö-
ner mit alles. Nur eben auch mit scharf. Im Folgenden
schauen wir uns mal solche Dienste etwas genauer an, um
Sie zu verstehen.

Vorher jedoch stellen wir uns mal drei Teile eines Ladens
vor. Es gibt den Supermarkt X. Dort bekomme ich alles Mög-
liche für den täglichen Bedarf. Ich und jeder andere, der etwas braucht. Dann gibt es noch die Spirituosenabteilung. Da
komm ich nur rein, wenn ich mich legitimiere. Und dann gibt
es noch im Keller den Raum mit den Sachen, über die man
draußen nicht redet. Damit meine ich nicht Opa Kruse in
Frauenkleidern sondern Waffen, Drogen oder andere nicht
gern gesehenen Dinge (die aber nicht böse sein müssen wie
ich später erkläre).

Und das übertagen wir jetzt auf das Internet.

Da gibt es die Seiten, die jeder kennt oder jeder über eine
Suchmaschine findet. Sei es der Bauernhofladen des Nach-
bardorfes, die Internetseite des örtlichen Schützenvereins
oder die Seite des Stadtverwaltung. Alle diese Seiten sind im
öffentlichen Netz.
Entweder findet man diese Seiten durch die penetrante Werbung die selbst mein Nachbar für seine hochspannendes
Hobby www.ich-züchte-schildkröten.de auf dem Auto propagiert, oder man fragt eine Suchmaschine.

Dann gibt es die Seiten, auf die Sie nur kommen, wenn das
vom Betreiber gewünscht ist. Sei es, weil sie monatlich eine
Gebühr bezahlen, Sie zu dem Unternehmen gehören und so
die Internas einsehen dürfen oder Sie das Passwort als Mitglied des Vereins kennen.

Ein weit größerer Teil des Netzes ist jedoch nur unter vorge-
haltener Hand und mit Empfehlungen erreichbar. Und diese
sehen wir uns (Spannung aufbauend) erst später an. Schät-
zungen sagen, dass das Internet wie ein Eisberg ist. Der
größte Teil ist unsichtbar unter Wasser. Und da es im tiefen
Wasser dunkel ist, passt der Begriff DarkNet da ganz gut zu.

Aber neben diesen mehr oder weniger bunten und sinnvollen Webseiten gibt es noch andere Dienste im Internet. Wir kommunizieren mittels E-Mail und Messengern, unsere Geräte daheim reden miteinander über das Netz und vieles mehr.

Mail / E-Mail

Einer der meist genutzten, aber auch missbrauchten Dienste
des Internets ist wohl die E-Mail oder auch einfach Mail. Es
ist nichts anderes als elektronische Post.
Sie schreiben etwas an Ihrem Computer, tragen einen/meh-
rere oder viele Empfänger ein und klicken auf "Senden". Sekunden später ist die Nachricht beim zuvor gewählten Emp-
fängerkreis. Sie können eine einfache Nachricht senden oder
dieser gleich noch Bilder und andere Dateiformate anhängen. Entgegen seinem Vorgänger der normalen Post kostet
es kein Porto und kommt immer (fast) sofort am Ziel an.
Wenn die Adresse stimmt.
Der normale Postbote hat noch nachdenken können und den
Brief auch eingeworfen, wenn statt Frau Heidi Kruse der
Name Heidi Krusse auf dem Brief stand. Mail-Server können
hier nicht mitdenken und fordern das von Ihnen. Das merken Sie daran, dass Sie nach kurzem eine Nachricht vom
Mail-Server bekommen, der sagt, dass das Ding nicht zu-
stellbar ist.

Ganz wie bei Elvis "Return to sender".

Bei einer Mail kann man wie gesagt einen oder mehrere Empfänger auswählen und in das Feld "An" eintragen. Daneben gibt es (meist für das geschäftliche Umfeld) das Feld "CC". Dies steht für Carbon Copy oder zu Deutsch Durchschlag und dient dazu, Leuten eine Kopie zuzusenden. Im Endeffekt kein Unterschied, aber der Empfänger weiß, dass es ihm nur zur Kenntnis gedacht war und er hier nicht reagieren muss.

Wenn Sie Ihren Kindern eine Mail schreiben, sollten Sie daher ggf. drauf hinweisen, dass tatsächlich diese gemeint sind und reagieren sollen.

Es gibt auch noch ein Feld "BCC" für BlindCarbonCopy oder Blinde Kopie. Alle darin aufgeführten Empfänger erhalten die Mail, sehen aber nicht, an wen diese noch gesendet wurde und können auch nur Ihnen antworten. Bei den beiden anderen Adressfeldern sieht jeder Empfänger auch die anderen Empfänger und das kann teilweise peinlich werden oder zu ewigen Diskussionen „Alle an alle" führen. Wählen Sie also immer richtig, wie Sie adressieren.

Ein Vorteil neben der schnellen Zustellung einer Mail ist deren Nachverfolgung. Sie sehen wann diese gesendet wurde und können auswählen, ob Sie über das Lesen durch die Empfänger informiert werden.
Große Mail-Programme bieten darüber hinaus Mails, die für andere Funktionen vorbestimmt sind. So können Sie in Programmen wie Outlook (siehe Abschnitt Programme) einen Termin erstellen und Ihre Freunde als Teilnehmer eintragen. Damit wird diesen eine Mail zugesendet, die "Annehmen", "Ablehnen" oder "Vorbehaltlich zusagen" als Auswahl bietet und dazu Ihre Beschreibung was an dem Termin geplant ist und wo man sich wann trifft.

Sagen die Freunde durch Anklicken der Auswahl zu, wird das Ereignis in deren Terminkalender eingetragen und Ihnen eine Zusage gesendet. Andernfalls erhalten Sie eine Absage.

Kommt hingegen gar nichts, sollten Sie über die Freundschaft nachdenken.

Toll sind auch die Anhänge, die Sie mitversenden können. Früher musste man erst zum Kopierladen um irgendwelche Dokumente zu vervielfältigen. Heute fügen Sie einfach ein Dokument als Anhang ein. Dies ist dann nur eine Kopie und das Original bleibt auf Ihrem Computer erhalten. Die Kopie ist qualitativ genauso gut wie das Original.
Denken sie mal an früher und die Kopie der Kopie einer Kopie. Mit jedem Mal wurden die Dinger schlimmer. Und erst das Wiegen des Briefes, damit man genug Briefmarken auf den Brief klebt. Der Mail ist es egal wie dick Sie sich durch die Datenleitung quält. Da ist die Grenze dann ehr die Dateigröße, die aber schon einige hundert Briefseiten oder eine Reihe Fotos sein kann.

Und das Tollste.
Mails werden auch nachts und am Wochenende zugestellt.

Aber wieso hab ich dann eingangs von Missbrauch gesprochen?

Weil man damit eine Vielzahl an Empfängern schnell und kostengünstig erreichen kann. Der Postbote hätte sich früher geweigert in jeden Briefkasten einen Flyer für Potenzmittel oder Sex-Webseiten einzuwerfen. Gut, heute werfen die auch alles ein, wofür die Firmen bezahlen, aber 1 Millionen Zettel von der Post einwerfen lassen ist teurer als dies mit

einem guten Mailprogramm kostenlos in ein paar Sekunden
zu erzeugen.

Solche Nachrichten nennt man SPAM. Sie sind nervig, aber
harmlos. Bisweilen bekommt man mehr SPAM als sinnvolle
Nachrichten. Die Ursache und Abhilfe erkläre ich an anderer
Stelle.
Ein weiteres Übel sind Newsletter ("Njusletter" gesprochen)
also Nachrichten von Firmen, bei denen Sie einmal etwas
gekauft haben. Denen ist egal, dass sie das Auto schon nach
einem Jahr wegen massiver Mängel verkauft haben oder nur
einmal ein Brautkleid gekauft haben. Die bomben sie auch
mit der neuesten Kollektion an Kleidern zu. Das die Wahr-
scheinlichkeit eines erneuten Kleiderkaufes nach dem ersten
Ehejahr gering ist, ist denen egal.
Irgendwo ganz unten auf einer solchen Mail findet sich dann
in einer Schriftgröße ähnlich einem Pharma-Beipackzettel
das Wort „Abmelden" oder „Unsubscribe" mit dem Sie dem
Leid ein Ende bereiten können. Und das nimmt Ihnen auch
keiner übel, da es vollautomatisch geschieht. Kommen Sie 3
Jahre später doch wegen einem neuen Brautkleid wird niemand sie wegen der Abmeldung vom Newsletter schlecht
beraten.

Am schlimmsten sind jedoch die eigenen Freunde. Irgendwer schickt ein lustiges Bild an seine Kumpels und alle meinen, Sie haben ein lustigeres und antworten. Fast wie beim
Stammtisch nach dem 6.Bier.
Nur kann da mal einer rufen "Schluss iss" und alle hören
drauf.

Ein wirklich riskanter Aspekt sind aber sogenannte Phishing-
Mails. Die sehen aus wie echte Nachrichten, verleiten Sie

aber dazu eine darin befindliche Schaltfläche anzuklicken, welche Sie ins Internet leitet. Dort erscheint dann eine Seite, die zum Beispiel der Ihrer Hausbank ähnelt. Und sie geben natürlich Ihrer Zugangsdaten ein und sind damit reingefallen. Wie so etwas genau aussieht, beschreibe ich an entsprechender Stelle.

Wir halten aber fest, dass wie so oft Fluch und Segen dicht beieinander liegen.

SPAM / Phishing

Klingt einfach. Ist es aber auch. NICHT.
Phishing ist wieder mal so ein zusammengebasteltes Wort
und besteht aus Passwort und Fishing. Also man versucht
Ihr Passwort abzufischen. So zumindest mal der Ursprung.

Oft wird es auch mit SPAM-Mails in einen Topf geworfen.
Also trennen wir die beiden mal schnell wieder und handeln
SPAM schnell mal ab.
SPAM-Mails sind unerwünschte E-Mails mit mehr oder weni-
ger zielgruppenorientierter Werbung. Was will Opa Kruse mit
75 Jahren nach Prostata-OP noch mit Viagra und seine Frau
als erzkatholische Christin mit einer Einladung in ein Online-
Casino mit Poker und anderem.
Wie schon im Kapitel Mails erläutert, ist das den Absendern
egal. Außer Strom für die Rechner entstehen bei solchen E-
Mails keine Kosten. Und trotz der günstigen „Produktions-
kosten“ kommen nur selten SPAM aus dem Schwabenland.

Gehe wir also weg von den einfach nur nervigen SPAM-Mails
zu den echt gefährliche Phishing-Mails. Diese haben, egal
wie Sie aufgemacht sind immer nur ein Ziel. SIE !!!

Mal will man sie dazu verleiten Ihr Online-Bankkonto wieder zu entsperren, mal sollen Sie eine Rechnung im Anhang bezahlen die schon im Begleittext überhöht ist.

Das Vorgehen ist immer identisch und nennt sich Social Engineering (Siehe auch separates Kapitel). Vergessen Sie die Hollywood-Filme von Hackern die mit kaltem Kaffee und alter Pizza nächtelang versuchen Ihr Online-Konto zu hacken. Heute macht man das psychologisch.

Wenn Sie eine Mail bekommen, in der steht, dass Ihre Monatsrechnung für das Handy diesmal 352.-€ beträgt und Sie normal nur 30-40€ haben, geraten Sie automatisch in Panik und wollen wissen warum.
Nett, dass man Ihnen entweder die Detail-Rechnung gleich anhängt oder Sie nur klicken müssen, um diese Online einzusehen.
Blöd nur, dass die Mail von Vodafone war und Sie einen Vertag bei der Telekom haben oder umgekehrt.

Entweder haben Sie nun mit dem Öffnen des Anhangs den Fehler begangen oder durch Klicken des Links zur Online-Rechnung.

Noch schlimmer, wenn Sie sich wegen Unregelmäßigkeiten bei DHL, Amazon oder wem auch immer in Ihrem Account anmelden sollen und klicken. Die sich öffnende Webseite sieht aus wie immer, sie geben Ihre persönliche (und vertraulichen) Anmeldedaten ein und kommen auf Ihren Account, wo alles normal ist. Das Ihre Daten eine kleinen Abstecher zu Herrn Hacker nach Sibirien, Anatolien oder sonst wo gemacht haben und dieser nun damit arbeiten kann merken Sie erst, wenn der Onlinedienst die Rechnung präsentiert.

Somit ist wohl auch erklärt, warum Sie dauernd Mails von Firmen und Banken bekommen, mit denen Sie nichts am Hut haben aber bei denen es ein "Problem" mit Ihrem Benutzerkonto gibt. Hier sei wieder erwähnt, dass solche Massen-Nachrichten nichts kosten und wenn jeder hundertste oder tausenste darauf hereinfällt, diese immer noch gewinnen.

Früher hätte man gesagt "Holzauge sei wachsam" aber mit einem Holzauge werden sie wohl kaum am Computer sitzen.

Aber wachsam ist immer gut. Lassen Sie sich nicht unter Druck setzen: Mahnung, Kontosperrung, Gerichtsvollzieher (eine Steinigung gab es bisher nach meinem Kenntnisstand noch nicht) sind Druckmittel um Sie in Panik zu versetzen. Also immer Ruhe bewahren, durchatmen und eventuell erstmal einen Eierlikör.

Aber nur einen, sonst machen Sie erst recht Fehler.

- Sind Sie überhaupt Kunde bei dem Unternehmen, dass Sie anschreibt?
- Kennt man zumindest mal Ihren Nahem oder sind sie "Liebes Kunde" oder sonst eine Unform der deutschen Schreibkultur?
- Kann die Forderung berechtigt sein?
- Klicken Sie nicht auf die Schaltfläche, um in Ihr Konto zu kommen, sondern rufen Sie die Seite manuell über Ihren Browser (das Ding zum Angucken von Webseiten) auf. Geben Sie die Adresse des Shops hier direkt auf oder wählen Sie die Adresse aus Ihren eigenen Favoriten/Lesezeichen.

Webseiten

Jeder kennt das Internet wegen seiner bunten Seiten. Dabei sind die heute nicht einmal mehr so bunt wie noch in den Anfängen. Damals war das Internet noch wirklich frei. Zumindest was die Kreativität und oft genug den guten Geschmack angeht. Je mehr eine Seite blinkte, zuckte und Geräusche von sich gab, desto besser.
Zumindest in der Meinung deren Besitzer die stolz wie Bolle waren. Der Betrachter hingegen lief Gefahr Augenkrebs zu bekommen oder zumindest in einen photosensitiven Epilepsie-Anfall zu geraten. Man kam über das www.die-gewünschte-Seite.de auf eine Startseite die einem grob sagte, worum es eigentlich geht. Ein Willkommen beim örtlichen Schützenverein, ein Hallo vom Urlaubsort oder ein Fima Meyer stellt sich vor.
Irgendwo befanden sich dann meist bunt blinkende Texte in einer Anhäufung, die man Menü nannte. Mal wurde in die einzelnen Abteilungen des Vereins verwiesen oder die Attraktionen des Urlaubsortes. Dort gab es dann wieder Auswahlfelder zu den Details. Also alles fest vorgegeben und fest einprogrammiert.
Der Besucher der Seite war sowohl der Struktur als auch dem mehr oder weniger kreativen Geist ausgeliefert und musste jede Seite lesen, wenn er nicht genau wusste was er will. Ein Graus für Frauen, die ja oft nicht so zielstrebig sind wie wir Männer. Dafür lassen wir uns dann aber auch ehr von etwas vermeintlich Interessanten ablenken.
Somit kamen beide Geschlechter nur zögerlich ans Ziel und mir kann hier keiner vorwerfen, ich hätte (nur)was gegen Frauen gesagt.

Irgendwann gab es dann die ersten Suchfunktionen auf Webseiten, die Strukturen wurden klarer und allzu farbenfrohe Designer wurden vermutlich weggesperrt. Das Web wurde erträglich. Man musste nicht mehr hoffen, dass irgendwer eine gute Adresse für ein bestimmtes Thema kannte, sondern konnte Suchmaschinen (siehe entsprechenden Abschnitt) nutzen.

Die Seiten wurden auch in Ihrem Angebot immer besser, so dass irgendwann auch richtige Kataloge angeboten wurden. Allerdings war der endgültige Bestellprozess noch umständlich und ein Glücksspiel. Irgendwann waren wir dann bei dem Stand, den wir heute kennen.
Egal ob wir von Jungfrauen bei Vollmond gepflückte Äpfel aus einem Bergdorf in 3000m Höhe wollen, eine Empfehlung zum seltsamen grün-violetten Ausschlag im Genitalbereich oder einfach nur ein Rezept für Nudelwasser. Im Netz finden wir heute alles auf unzähligen Webseiten, Foren, SocialMedia-Kanälen und weiteren Angeboten. Wir müssen die Seite nur aufrufen. Sei es weil wir sie kennen, in einer Suchmaschine gefunden haben oder die Werbung Sie uns bis zum Erbrechen eintrichtert.

Eine Webseite oder auch Internetseite beginnt rein sachlich immer mit HTTP:// oder HTTPS:// an. Allerdings braucht man das nicht mit eingeben, da der Computer das selbst erkennt und dann voranstellt, bevor er die Seite aufruft. Dieses Kürzel steht für HyperTextTransferProtokoll und bekommt eventuell noch ein S für Secure hinten dran. Es sagt nur, mit welchem Protokoll die Daten übertragen werden und ob diese eventuell noch verschlüsselt sind. Daher das S. Es gibt noch andere wie z.B. das FileTransferProtokoll aber das müssen Sie nicht wissen.

Danach folgt die tatsächliche Adresse wie www.amazon.de oder www.Bundesregierung.de womit oft schon gesagt ist, welcher Anbieter hinter der Seite steht. Diese Namen werden einmalig für jedes Land von einer Regulierungsstelle wie z.B. die deutsche DENIC vergeben. Ähnlich wie ein Grundstück können Sie sich dann diese Adresse über einen Provider, der meist auch Ihre Seite dann technisch beheimatet, anmieten. Selbstverständlich waren, wie bei einem Grundstück die besten Stücke schnell weg und wer rechtzeitig die Idee hatte sich einen bestimmten Namen zu sichern, konnte diesen kurz darauf gewinnbringend veräußern. Firmen begannen dann teilweise schon im dicken Paket Adressen zu reservieren, um später Ihre Produkte unter dem passenden Namen zu vertreiben.

So stritt einstmals ein Autobauer mit einem findigen Privatmann der sich eine passende Adresse zum kommenden Modell reserviert hatte. Der Autobauer tobte und die Markenrechtsanwälte jubelten. Ein sicher nicht unerheblicher Streitwert.

Webseiten sind also immer der Platz wo sich Angebot und Nachfrage treffen. Die Suche nach einem Rezept, dem neuen Familienauto oder sexuelle Abwechslung zum zugehörigen Familien-Leben.
Das Netz bietet für jeden die Webseite, die gesucht wird. Diese Angebote werden wir in den kommenden Abschnitten noch näher behandeln.
Aber gehen Sie auch gern selbst auf Entdeckungstour. Es kann weniger passieren als man oftmals denkt. Meist ist das Schlimmste, dass man mehr im Internet verbringt als man vor hatte und plötzlich ist es wieder tiefe Nacht und man wollte doch nur ein Rezept zum Mittagessen suchen.

Online-Shops/Marktplätze

Die meisten Menschen kaufen heute mehr oder weniger im Internet. Teils, weil man zu faul ist mal eben ums Eck zu gehen und teils, weil es das Gesuchte nicht oder nicht zum Wunschpreis dort gibt.
Aber auch immer mehr, weil das Internet den Händler um die Ecke ruiniert hat.

Dafür entwickelten sich im Laufe der Zeit Online-Shops und die großen Online-Händler. Anfangs noch mit umständlich programmierten Webseiten die im Hintergrund dann nur eine E-Mail an den Händler sendeten. manchmal kamen die nicht an und man wartete vergeblich auf seine Ware.

Heute hingegeben ist es so einfach, seine Waren und Dienstleistungen über das Internet zu bewerben und zu verkaufen, dass es selbst für die schon mehrfach erwähnte Oma Kruse ein Einfaches ist, Ihre Socken unter das frierende Volk zu bringen.
Solang Omi aber nicht auf Drogen ist, wird sie wohl nicht genug Socken pro Tag schaffen, dass sich ein eigener Online-Shop lohnt. Für solche kleinen Anbieter gibt es separate Lösungen. Sei es ein Portal wie Amazon, welches die Waren dann unter seiner Adresse aber mit der Verantwortung von Omi anpreist oder Plattformen wie Ebay und Etsi, auf denen man Einzelstücke verkaufen oder versteigern kann. Diese kümmern sich je nach Anbieter um Logistik und Rechnungsstellung und Verfolgung und behalten dafür einen Teil des Kaufpreises.
Doch aufpassen. Auch die sonst sehr behäbigen deutschen Behörden kennen diese Marktplätze und haben es schon fertig gebracht eine Socken strickende Oma mit den

Steuerhöchstsatz zu bemessen und eine Nachzahlung etc. einzutreiben. Da muss Omi dann allein für das Bußgeld nochmal 15 Jahre stricken.

Amazon ist bei diesen Plattformen vermutlich der Platzhirsch, da er alles unter einem Dach bietet und das mit einem Service, der Kundenherzen höherschlagen lässt und deutsche Einzelhändler in Wahnsinn und Ruin treibt.
Da nervt man den örtlichen Musikalienhändler wochenlang mit Beratungsgesprächen zu einem ersten Keyboard für den Familien-Nachwuchs um seine Karriere als neuer Dieter Bohlen zu starten und wenn der Händler kurz vor dem Suizid steht (weil man mehr als nervig ist) geht man auf die Seite von Amazon und kauft das Teil dort billiger und bekommt es gleich am nächsten Tag. Der Händler ums Eck hat das Teil entweder nicht auf Lager oder nun in Hoffnung auf einen Verkauf vergeblich bestellt. Amazon liefert kostenlos, schnell und nimmt die Ware auch nach 2 Wochen Probeklimpern zurück, wenn Ihnen Ihr Junior immer nur den Ententanz vorspielt.
Ihr Musikalienhändler am Eck hätte ihnen vermutlich gleich sagen können, dass Ihr Jüngster nur minimal-begabt ist. Aber Sie haben ihn ja nie ausreden oder gar mit dem Junior proben lassen.

Der (mit 1,71cm Größe) doch recht kleine Jeff Bezos ist mit Amazon der Größte geworden. Er hat sich mit diesem Laden ein erträgliches Rentenpolster von knapp 200 Milliarden erarbeitet und baut seinen Laden immer weiter aus, um alles zu bieten, was man so braucht.
Und was man nicht braucht, dass macht er uns so schmackhaft, dass wir sicher sind, das wir es unbedingt brauchen.

Ärmlich dagegen ist Pierre Omidyar der nicht einmal 7 Milliarden in der Sparbüchse hat. Dabei war sein Ebay damals auch ein Novum im Netz.

Im Endeffekt nichts anderes als das verstaubte Auktionshaus früher. Aber hier schwingen Sie den Hammer selbst und geben den Zuschlag. Oder besser gesagt Ebay auf Ihre Order hin.
Sie räumen das von Omi Kruse geerbte Haus leer und wollen die hässlichen Hummel-Figuren loswerden?
Oder Sie haben mehr Klöppeldecken, als Sie mit Ihrer Nase voll schneuzen können? Noch dazu geht die Hälfte durch die Maschen durch.
Schnellster Weg ist der Mülleimer.
Fast genauso bequem (und sie müssen dazu zuerst einmal nicht raus gehen) ist Ebay. Sie legen sich einmal ein Kundenkonto an (für alle Schwaben: Des koscht nix!!!) und können dann Ihre Ware anbieten. Entweder sagen Sie, dass Sie einen festen Betrag haben wollen, oder Sie versteigern es. Nur, dass Sie beim Zuschlag nicht mit dem Hammer auf den Computer hauen müssen.
Die Interessenten haben einfach eine vorgegebene Zeit, bis zu der Sie um die Wette bieten können und der Letzte um 18:21 oder wann auch immer bekommt den Zuschlag. Gerade bei Sammlerstücken ist man oft erstaunt, wie viele Menschen einen Fetisch haben und hier alles geben (was das Konto oder Sparschein der Kinder hergibt).
Aber Vorsicht. Man kann sich auch verspekulieren. Wie bei einer echten Auktion wird es gegen Ende noch mal richtig turbulent. Insbesondere in den letzten Sekunden der vorgeben Zeit kann sich viel tun. Es sei denn, Sie verkaufen das Original-Trikot von Paul Breitner aus dem Jahr 1972, während im Fernsehen gerade das Endspiel Deutschland:Irgendwas läuft. Da sitzt kein Fussball-Fan vor der Computer-Kiste

und bietet, sondern vor der anderen und gröhlt. Hoffen Sie
auch nicht darauf an Weihnachten um 20:00 was verkaufen
zu können. Da müssen die meisten mit der Familie zusam-
mensitzen (siehe Vorwort).

Die meisten Online-Shops arbeiten mittlerweile sehr effizient
und transparent. Sie suchen sich Ihre Waren im Angebot
aus, bestimmen die Größe, Farbe und Anzahl der Artikel und
wählen es dann endgültig aus wie im echten Laden. Damit
ist die Ware dann erst einmal in Ihrem Warenkorb oder Einkaufswagen.

Hier brauchen Sie aber nicht wie bei Ihrem Supermarkt am
Eingang auswählen, was Sie nehmen. Auch in den Warenkorb passt ein Auto und keiner lacht, wenn Sie später mit einer Tube Zahnpasta im Einkaufswagen zur Kasse gehen.
Das ist einfach eine Bezeichnung, die der Gestalter der Seite
festlegt. In Wirklichkeit ist es aber einfach ein Zettel, auf
dem Ihre Order erst einmal notiert ist. Das kennen Sie vielleicht von früheren Katalog-Warenhäusern wie Quelle oder
Neckermann. Da mussten Sie die Sachen auf einen Bestell-
zettel schreiben und anschließend wieder durchstreichen,
wenn Sie diese vor dem Absenden der Bestellung dann doch
nicht mehr wollten.
Im Gegensatz zum Supermarkt können Sie die Ware jeder-
zeit einfach aus dem Korb rauswerfen (ganz oder nur Einzel-
teile) ohne das dann wie oft zu sehen die Fischstäbchen in
der Drogerie-Abteilung hingeworfen werden (wer macht sowas dauernd im Laden) oder die Menge erhöhen, ohne
nochmal durch den ganzen Laden zurückzurennen.
Sie haben in Ihrem Warenkorb immer alles übersichtlich ge-
listet und wissen auch gleich, was Sie der Spaß kostet. Noch
bevor Sie an die Kasse gehen. Anders als beim Discounter,

wenn die Enkelkinder unbeobachtet noch was in der Korb werfen und Sie an der Kasse Herzrasen bekommen.

Haben Sie sich dann im Online-Shop ausgetobt, geht es zur Kasse. Wenn Sie bereits ein Kundenkonto haben, müssen Sie sich nur noch (sofern nicht beim Start des Shoppens bereits geschehen) mit Benutzername und Passwort anmelden. Zwar ist dies heute nicht mehr zwingend erforderlich und ein Gast-Einkauf muss rechtlich möglich sein, aber es erleichtert bei häufigem Einkauf die Sache. Dann hat der Händler bereits Ihre Anschrift und gewünschte Zahlungsart. Das Eingeben der Bankdaten oder Kreditkarte entfällt somit. Auch bieten Händlern Ihren festen Kunden Rabatte und andere Aktionen an. Zu den Nachteilen dieses Services kommen wir im Bereich des Datenschutzes. Da das Thema Datenschutz ein doch recht komplexes Thema ist, werde ich dies vermutlich in einem weiteren Buch vertiefen. Hier möchte ich es nur an einem kleinen Beispiel verdeutlichen.

Wenn sie eine Bohrmaschine beim örtlichen Baumarkt kaufen, so weiß die dortige Kassiererin nur, dass sie dieser komische Kunde mit der dreckigen Handwerkerhose sind sie sicherlich wenige Minuten später vergessen haben. Ein Onlineshop vergisst jedoch **NIE** etwas!!!
Er wird Ihnen in Folge also immer wieder Zubehörteile für ihre Bohrmaschine offerieren oder andere nützliche Dinge als unbedingt nötig und gerade „top reduziert" anpreisen.
Wer eine Bohrmaschine kauft, wird irgendwann ein Leckage-Reparaturset benötigen oder zu der Einsicht kommen, dass es ohne ein Rohrleitungs-Suchgerät nicht weitergeht.

Gut also, wenn der Onlineshop mitdenkt.
Dass hierfür oft mehr Daten erhoben werden als sinnvoll beziehungsweise zulässig sind hat man immer wieder gehört.

Wie man dies vermeidet oder worauf man achten sollte, kommt in einem separaten Kapitel oder sogar Buch.
Da ich hoffe vom Verkauf dieses Buches mir einen Porsche leisten zu können, brauche ich ein weiteres Buch um den Porsche auch tanken zu können.
Kaufen Sie also nicht gleich Online ein Buch zum Datenschutz welches sie langweilen wird. Warten Sie auf meine Darstellung dieses Themas.

Egal ob Sie nun Ihre Kreditkarten-Daten angeben, diese bereits in Ihrem Benutzerkonto hinterlegt sind oder Sie als Zahlungsmethode "Rechnung" wählen, im nächsten Schritt bestellen Sie die Waren dann endgültig.
Daraufhin erhalten Sie meist eine Bestellbestätigung per E-Mail. Sollten Sie also für Ihren Partner das Geburtstagsgeschenk ordern, sollte dieser keinen Zugriff auf das E-Mail Postfach haben oder Sie löschen die Nachricht gleich wieder. Sonst geben Sie Geld aus, für das Sie nicht einmal eine freudige Umarmung bekommen. Denken Sie auch wieder an meine Worte bei den Cookies.

Einige Anbieter tracken ("verfolgen") die Bestellung nun weiterhin und informieren Sie darüber ebenfalls per E-Mail oder Sie können den Status auf der Webseite des Shops verfolgen.
- Ihre Bestellung ist eingegangen
- Der Lagerarbeiter hat die Toilette verlassen und sucht nun Ihre Bestellung zusammen
- Ihre Ware wurde an die Packerin weitergegeben
- Ihre Ware verzögert sich, da die Packerin sich geschnitten hat und zum Werks-Sani muss

- Ihre Ware ist nun an das Transportunternehmen übergeben, nachdem wir den halben Finger aus dem Einband entfernen konnten
- Ihr Paket steht "unerwartet" im Stau am Kölner Ring
- Ihr Paketzusteller klingelt in 10min an Ihrer Tür

Während Sie nun angespannt am Türöffner warten, kommt die E-Mail, dass Ihr Paket zugestellt wurde und ein Nachbar die Sendung entgegengenommen hat. Blöd nur, wenn Sie allein im Umkreis von 1000m auf Ihrem Aussteigerhof leben und auf das Buch "Gesellschaftsspiele für Einzelgänger" warten. Dann sollten Sie mal hinter die Mülltonne oder das Klohäuschen schauen. Diese Fahrer haben oft eine andere Auffassung von Nachbarn, Auch wenn Sie es sicherlich nicht böse meinen.

Im Nachgang können Sie die meisten Händler und/oder deren Waren auch bewerten. Dies dient den Anbietern dazu, die Waren entsprechend zu sortieren und eventuell zu bewerten. Manche haben nur ein Schulnoten-System. Andere bieten die Möglichkeit Rezensionen zu schreiben oder auch ein Video hochzuladen, wie Sie mit der Ware agieren. Dies hilft anderen Kunden aber auch bei der Auswahl Ihres eigenen Artikels und dem Händler SIE zu bewerten, was ich auch wieder im Datenschutz erläutere.

Blog

Ein Blog ist grob beschrieben eine öffentlich geführtes Tagebuch, in dem die Leser (wenn es vom Autor gewünscht ist)
ihre Kommentare dazu geben können.

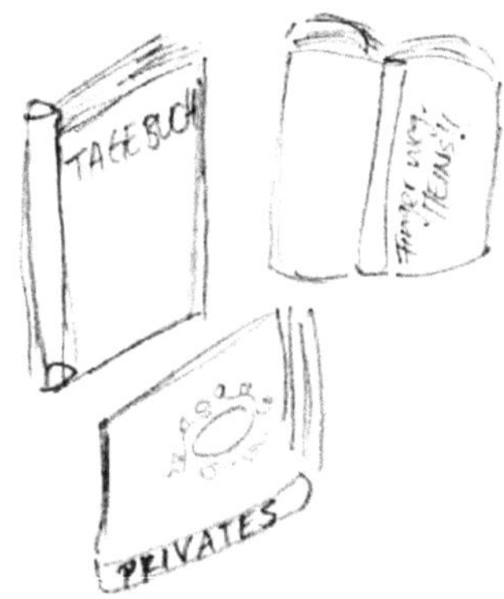

Nein, es ist nicht ganz wie Facebook aber so ähnlich.

Zum einen gab es Blog's schon, als viele nicht einmal wussten, wie man Facebook schreibt, zum anderen sollte man einigermaßen intelligent sein, um einen Blog zu verfassen.
Wieder ein Punkt gegen viele Facebook-Nutzer.
Nun ist es aber nicht so wie bei Facebook, dass man in einem Blog heute über das nicht laktosefreie Müsli jammert
und morgen über den Mangel an Kühen. Man sucht sich ehr
ein Thema raus in dem man sich auskennt oder hat ein ge-
nerell interessantes Leben, über das man immer wieder berichten kann. Gerade in der Zeit von Corona entwickelten
sich abseits der großen Medienplattformen interessante Seiten, die nicht einfach mit dem Aluhut gegen die Wissenschaft wetterten, sondern recht nachdenkliche Beiträge ver-
öffentlichten.
Wie auch andere Dinge im Netz kann man sich mit einem
Blog schnell weltweit präsentieren, bekannt werden und

genauso schnell unbeliebt werden. Es gibt dafür Webseiten, bei denen Sie unterschlüpfen können und Software, mit der Sie das eigenverantwortlich auf einer eigenen Domain/Webseite machen können. Nur zu.

Bevor Sie aber nun anfangen ein totes Thema nochmal aufzuwärmen, betreiben sie ein wenig Recherche. Einfach in einer der renovierten Suchmaschinen den Begriff BLOG und das Thema eingeben und sie werden feststellen, dass weder "Blog & Sex" noch "Blog & Briefmarken" ein Novum ist. Für Beide Themen gibt es schon genug. Aber wie war das noch mit der Briefmarkensammlung im Schlafzimmer? Eventuell ist das ja ein Thema, das sich lohnt. Lassen Sie es mich dann wissen.

Ich wüsste gerne, ob die deutschen oder arabischen Marken ehr in Schlafzimmer locken.

Foren

Ist es nicht schön, wenn man sich mit Gleichgesinnten trifft und austauscht?

Um andere Menschen zu treffen, gehen manche sogar in den Schützenverein (Lassen Sie diesen Satz mal auf sich wirken). Aber auch Imker einer Gemeinde, oder die Hausfrauen des Kreises tauschen sich gerne aus. Früher hat man sich dazu gern im örtlichen Gasthaus getroffen, was bei der praktischen Diskussion schwer werden konnte, wenn die Imker Anschauungsobjekte mitbringen wollten. Und immer die gleichen Menschen zu treffen, die immer die gleichen nicht zu Ihrer Weltansicht passenden Meinungen abgeben ist auf Dauer auch langweilig. Schon mancher Dorfstreit ist eskaliert, weil man sich nicht einig wurde, wessen Honig der Beste ist.

Da mag man dann doch mal hören, wie die Imker am anderen Ende der Republik zu dem Thema stehen, dass die schwäbische Biene fleißiger ist als die italienische.

Schon in den Frühformen des Internets, noch weit vor der ersten farbigen Webseite gab es Diskussionsforen zu einer Vielzahl an Themen. Auch heute gibt es für überzeugte Fans diese Newsgroups des alten Usenets.

Stellen Sie es sich wie ein Postfach vor, an das Sie Ihre Frage senden. Dort können alle Mitglieder reinsehen, mitlesen und darauf antworten. Daraus entsteht eine Diskussion wie in einem klassischen E-Mail-Verlauf mit dem Finanzamt. Viele Meinungen, viele Ansichten und Sie sind irgendwann leid mitzulesen und auch nicht schlauer.

Mit der „Öffnung" des Internets für Normal-Nutzer verlagerten sich diese Gruppen dann in Foren auf Webseiten. Alles wie bisher nur bunter. Es gab auch die Möglichkeit Bilder oder Videos mitzusenden, um seine Frage visuell zu unterstreichen oder die am besten passende Antwort als solche zu markieren. Damit hatten andere Benutzer mit dem gleichen Problem gleich die Lösung.

Wenn Sie denn des Lesens mächtig waren.
Ich erinnere mich an Zeiten, in denen in manchen Foren wöchentlich die gleiche Frage auftauchte und manche Mitglieder es nicht leid wurden dann über den Fragenden zu diskutieren. Aber immerhin blieb es damals noch bei leichten Spitzen statt wie heute gleich wegen einem Rechtschreibfehler in der Frage einen **Shitstorm*** loszutreten.
Dies war der erste Schritt in die (bisweilen absolut un- bis asozialen) sozialen Medien oder SocialMedia.

Damals!
Ja, da war die Welt zumindest soweit in Ordnung, dass man einen Post (früher sagte man Beitrag) hinbekam, ohne diesen mit massenhaft Rechtschreibfehlern, fehlender Interpunktion und grammatikalischen Fantasien zu verfassen.
Und das ohne Texterkennung, Thesaurus und andere Hilfsmittel.

Suchmaschinen

Wenn wir heute im Netz etwas suchen, dann "googlen" wir es. Das ist aber ausnahmsweise einmal kein englisches Wort oder ein Anglizismus oder irgend so ein Fachbegriff, sondern kommt laut Goolge von der Zahl Googol (Einer 1 mit hundert Nullen).

So wie hier ist er auch noch falsch geschrieben. Laut den schlauen Menschen der Rechtschreibung ist "googeln" die korrekte Schreibweise. Zumindest habe ich das so ge-googled, gegoogelt oder was auch immer.
Das Wort ist ein Verb (früher sagte man auch Tu-Wort dazu, weil man es tut) und sagt nur, dass wir das Bild, den Artikel oder was auch immer im Internet gesucht haben oder su-chen werden. Dazu nimmt man eine Suchmaschine zur Hilfe. Meist ist es eben auch die Suchmaschine "Google" weil die jeder kennt und irgendwann hat sich dann das Verb aus der Nutzung der Suchmaschine Google abgeleitet.
Keiner hat je gesagt, dass er etwas gealtavistat oder geyahoot oder was auch immer hat.

Diese Suchmaschinen kennt heute auch kein Mensch mehr.

Irgendwann davor gab es andere Suchmaschinen. Die sind aber alle nicht gegen Google und seine Ergebnisse und Zusatzprodukte angekommen.

Warum nicht? Das weiß keiner so genau. Der Algorithmus, also das Vorgehen wie Google die Ergebnisse findet ist ein Firmengeheimnis und angeblich hat es bisher noch keiner wirklich entziffert.

Vor diesen Suchmaschinen gab es Bücher, in denen z.B. die bekanntesten 1000 Adressen im deutschen Netz standen und andere Lektüren. Irgendwann gab es Webseiten die wie ein Inhaltsverzeichnis dastanden und in Rubriken aufgeteilt waren. Da konnte man dann auf einen Link klicken und kam auch ans Ziel.

Wenn die Seite noch da war zu der man wollte.

Stimmte die Adresse aber nicht mehr kam nur "404 - Seite nicht gefunden": Damals waren solche Seiten noch handgeschrieben und so kam man mit der Pflege nur schwer nach. Dann kamen die ersten Suchmaschinen, die ein wenig Logik enthielten. Eine Webseite, die von vielen anderen Seiten zu erreichen war oder wieder auf andere Seiten verlinkte, war beliebter als die Seite vom Einzelgänger Klaus, der nur seine Kakteen-Tipps zum Besten gab.

Daraufhin pflasterten alle Ihre Seiten massenhaft mit Links auf andere Seiten zu. Auch wenn das irgendwie nicht zum Thema passte. Und dann kam Google.

Google wusste genau was Sie suchten. Fast wie diese alte Leier bei meinen Eltern "Wenn zwei das Gleiche tun, ist es noch lange nicht das Selbe".

Kennen Sie auch?

Und Google kennt das auch, ebenso wie es Ihre persönlichen Interessen, Neigungen und viele andere Dinge kennt.

Deswegen bekommen Sie bei einer beliebigen Suchanfrage auch ein anderes Ergebnis als ich oder ihr Nachbar. Und deshalb schauen wir uns das alles auch jetzt genauer bei Google an. Sie können auch gerne eine andere Suchmaschine nehmen die ich weiter unten im Kapitel erläutere, aber jeder kennt google. Und nicht jeder DuckDuckGo oder Ecosia.

Google zieht hier Ihre bisherigen Suchanfragen heran, Ihre aktuelle Position und auch andere Dinge, die es über Sie weiß. Was dieses Google alles kann, ist beachtlich. Aber das ist auch ganz einfach erklärt, denn Google ist nicht "irgendwas" sondern ein riesen Konzern.

Ob Ihr Handy-Betriebssystem "Android", Ihre Streckenplanung in den Urlaub oder viele andere Services. Diese Firma mischt so ziemlich überall mit. Und das meist für "kostenlos". Dafür geben Sie Google dann viele Daten, die Google anderweitig zu Geld macht. "Aber das ... erklären wir ein anderes Mal"

Suchmaschinen - egal ob Google oder eine andere - sind erst einmal eine Webseite, die wir unter einer Adresse wie www.google.de aufgerufen wird. Dann finden wir dort an exponierter Stelle ein Feld, in das wir unseren Suchbegriff eingeben können. Meist reicht es schon, dass wir mit dem Suchbegriff anfangen und die Seite schlägt selbst die Ergänzung vor.

In meinem Fall ist es für Google wahrscheinlicher, dass ich

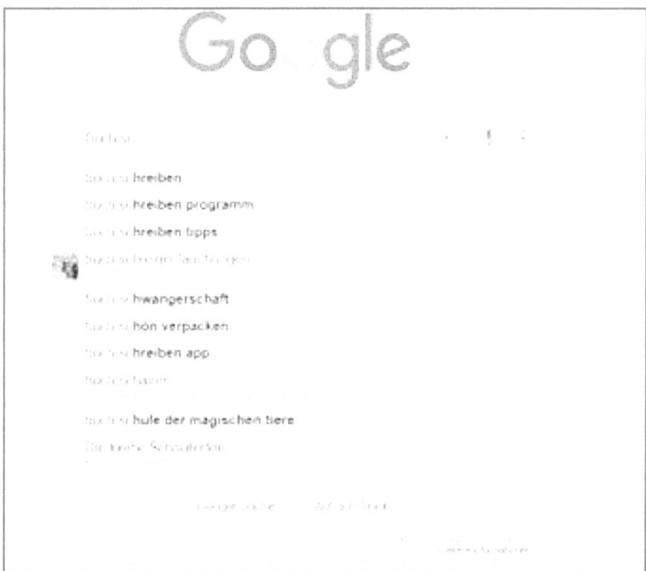

tatsächlich ein Buch schreiben will, statt nach 3 Kindern
noch ein Buch über Schwangerschaft zu suchen oder die
"kleine Schnullerfee" zu lesen. Sehr vernünftig.
Aber sie können auch ganze Kurztexte wie "Keine Angst vor
Schwangerschaft" eingeben. Egal was Sie eingeben, Google
hat für alles eine Antwort. Oder auch Millionen von Antworten. Sie werden erstaunt sein.

Die erste vorgeschlagene Antwort muss aber nicht unbedingt die Beste oder Richtigste (Auch wenn es dieses Super-
lativ nicht gibt) sein. Das meint nur Google. Aber mit jeder
Suche lernt Google Sie besser kennen und wird Ihnen pas-
sendere Ergebnisse liefern.

Oder auch nicht.

Vertrauen Sie also nicht zu sehr auf den elektronischen Rat-
geber. Hinzu kommt noch, dass die Seite, die Ihnen Google

liefert, nur eine Momentaufnahme darstellt. Diese Seiten
werden regelmäßig von Google inspiziert und gespeichert.
Ändert der Inhaber aber seinen Inhalt zwischen zwei solcher
Indizierungen, kann Ihr Ergebnis ganz anders ausfallen als
Sie es gesucht haben.
Hinzu kommt, dass niemand wirklich weiß, nach welchen
Kriterien Google die Reihenfolge der Ergebnisse liefert. Klar,
ganz oben finden sich oft welche, die als Werbung gekenn-
zeichnet sind, aber wie die anderen dorthin kommen ist ein
Rätsel.

Bilden Sie sich also eine eigenen Meinung und vertrauen Sie
nicht nur auf den Marktführer. Machen Sie es wie meine
Oma früher. Die hat auch die ganze Sippe gefragt und dann
(nein, nicht gemacht was die Mehrheit meinte) gemacht was
Ihr am Besten gefiel.

Im Schatten des großen Google mit seinen vielen Zusatz-
diensten gibt es eine ganze Reihe "unparteiischer" Suchmaschinen die teilweise sogar spezielle Klientel bedienen wie
Suchmaschinen speziell für Kinder oder Wissenschaftler. So
können die einen sicher suchen ohne sexuellen Inhalt zu erhalten und die anderen bekommen nur kindgerechte Seiten.
Sorry liebe Wissenschaftler!!! Auch sind andere Anbieter
nicht so neugierig und speichern sich ab, dass Sie vor 3 Jahren in der Ehekriese doch mal einen Escort-Service gesucht
haben, und schlägt Ihnen das jetzt bei "Freizeitaktivität allein" erneut vor.

Ein großer Anbieter ist hier www.DuckDuckGo.com aber
auch www.startpage.com behauptet von sich, seine suchen-
den Kunden nicht auszuspionieren. Schauen Sie also einmal
im Netz auf einer Suchmaschine nach "Suchmaschinen

Übersicht". Allein dafür bekommen Sie tausende von Einträgen, welche Seiten die besten sind.
Und sind so schlau wie vorher.

Wikipedia

Können Sie sich noch an Ihr Geschichtsreferat in der Schule erinnern? Zum Thema "Zweiter Weltkrieg" wussten Ihre Eltern nicht viel und Opa konnte sich nicht mehr daran erinnern. Oder er redete immer wieder davon, dass er dabei war, obwohl jeder wusste, dass er wegen einem eingewachsenen Zehen-Nagel oder sonst was ausgemustert war. Man rannte also mit einem Rucksack Proviant in die Stadtbücherei und kloppte sich dort mit anderen Klassenkameraden um das eine Buch, das interessant war. Erinnerungen aus meiner Kleinstadt-Jugend.

Wir hatten zum Glück noch einen alten Bibliothekar. Ein seltsamer Vogel, der immer mit seinem Hund anzutreffen war und der immer gehorchte was "Papa gesagt hat". Aber der Kerl war besser als die alten Schinken in seinen Regalen. Er wusste nicht nur, wo etwas zu finden war, meist konnte er sogar eine Zusammenfassung liefern oder wusste, welche Punkte Lehrer X oder Lehrerin Y besonders gern im Referat lesen mochten.

Keine Ahnung mehr wie er hieß, aber ihm gebührt heute noch Dank für so manche Note.

Mittlerweile ist selbst eine Recherche über eine entsprechende Suchmaschine obsolet. Vor einigen Jahren musste man dort noch seine Such-Begehren eingeben und bekam massenhaft Antwortseiten. Auf diesen verlief man sich dann regelmäßig oder übernahm falsche Weisheiten, weil man zu faul oder doof war, die Inhalte zu prüfen.
Das kennen wir ja aus dem Fernsehen oder anderen Medien. "Der Gesundheitsminister hat gesagt..." und Tante Käthe geht ihm voll auf den Leim ohne mal zu prüfen, was dessen Fachleute-Kumpels dazu sagen.
Die Lösung dafür nennt sich www.wikipedia.org. Das ist so etwas wie ein Mitmach-Lexikon. Sie geben einfach einen Begriff ein und bekommen eine richtig saubere Abhandlung.
Die hat irgendwer einmal geschrieben und andere haben Sie korrigiert, ergänzt oder einfach aktualisiert. Sei es die Biografie von "Adolf Hitler" eine Zusammenfassung von "Romeo und Julia" oder die Geschichte des "Opel Manta" und seiner Bedeutung für die Cowboy-Stiefel-Industrie.
Jeder kann hier mitmachen und Einträge erstellen, korrigieren oder fortschreiben. Auch Bilder sind zu den Einträgen zu finden und Querverweise auf Fachbegriffe oder weiterführende Themen sind vorhanden. Hätte mein Onkel Gustav das damals schon gewusst, hätte ich vielleicht doch mein Mofa zur Konfirmation bekommen statt die Lexikothek, die mittlerweile veraltet im Regal verstaubt.
Aber Vorsicht!!! Es gibt immer wieder Scherzkekse, die einen Eintrag manipulieren. Bis dies dann jemanden auffällt, kann schon mal ein Foto von Napoleon im Minirock mit einer Abhandlung zu seiner femininen Seite auftauchen oder der "Opel Manta" als Sinnbild von Intelligenz erwähnt werden. Und

auch das einfache Kopieren in das Referat, dass einen vor dem Sitzenbleiben retten soll, will gut überlegt sein. Entgegen der weitläufigen Schüler-Meinung sind Lehrer nicht blöd. Wenn der Schüler mit einem Minimal-Vokabular plötzlich eine literarische Glanzleistung hinlegt, gehen die Warnlampen an. Man sollte also das jugendtypische "Digga", "Ich schwör" oder "Krass" einfließen lassen, damit das Plagiat nicht sofort auffällt.

Man kann auch verdächtige Textpassagen in das Eingabefeld einer Suchmaschine einfügen. Dann landet man wieder bei Wikipedia.

Also nix Referat über 20 Seiten in 10 Minuten zusammen-kopieren. Und wenn Schüler dann dennoch so fit sind, dass Sie den Text so umstellen, dass man es nicht direkt merkt, fällt es vermutlich im Mündlichen auf. Wer da nicht die einzelnen Bauelemente eines Motors benennen kann, der wird die Funktionsbeschreibung sicher nicht erstellt haben.

Ich hoffe nur, dass der Autor mindestens so clever ist und den Begriff "Kolbenspiel" nicht mit seinem Wissen aus Sex-Seiten erstellt.

SocialMedia

Einleitung

Als es in den 80er Jahren des letzten Jahrtausends die Volkszählung gab, ging ein riesen Schrei durch die Republik, die damals noch zweigeteilt war.
Auf der anderen Seite der Mauer hätte man sich damals vermutlich darüber amüsiert, um welche banalen Fragen der (west-)Deutsche sich da beklagt. Im Osten brauchte es keine Volkszählung. Dort kam man nicht ohne weiteres heraus, so dass der Staat darüber im Bilde war wie viele Bürger es gab und wie die tickten. Dazu gab es die Stasi. Die wusste alles über Ihre Bürger und musste deshalb nicht mehr mit einer Volkszählung nachfragen.
Als die Mauer dann fiel, war das Geschrei auch in der anderen Hälfte der Republik groß über das, was der Staat all die Jahre in Erfahrung gebracht hatte und wer alles bei der Informationsbeschaffung behilflich war. Plötzlich wurde der Lieblingsneffe nicht mal mehr mit dem Arsch angesehen, da er 5 Jahre zuvor "berichtet" hat, dass Onkel Erwin abends heimlich Westradio hört und dieser deshalb nicht mehr ausreichend linientreu war, um im VEB die Waren-Eingangskontrolle zu übernehmen. Sofern dort Waren eingingen.

15 Jahre später schwieg die Republik, als der blasse Marc Zuckerberg in seiner präpubertären Phase eine Plattform gründete, um die Studentinnen seiner Hochschule zu bewerten. Und da reden wir nicht von deren geistigen Qualitäten. Marc und seine Kumpels wollten einfach nur ... Lassen wir das.

Er bzw. seine Kumpels haben selbst schnell gemerkt, dass
da mehr mit anzufangen ist als Linda mit Susann zu vergleichen und so wurde Facebook dann schnell zu dem, wie wir
es heute kennen. Die Hochglanz-Version einer Stasi-Akte.
Nur, dass die meisten Informationen heute von denen kommen, die es betrifft. Die Nutzer schreiben Ihre Stasi-Akte
selbst.
SocialMedia war geboren.

Zwar gab es noch andere Plattformen, wie in Deutschland
zum Beispiel StudiVZ und Werkenntwen, aber sie konnten
sich nicht gegen den smarten Marc durchsetzen. Selbst
Microsoft mit So.cl und Google+ gaben irgendwann auf, ihre
teuren Plattformen ungenutzt zu betreiben. Anders sieht es
da bei vk.com in Russland aus. Warum hier die Kunden nicht
zu Facebook übergelaufen sind, kann man nur "vermuten".
Zuckerberg hat mit Facebook eine Plattform geschaffen, auf
der jeder auch ohne Kenntnisse von Computer und ähnlichen Dingen sich und sein Leben präsentieren konnte.

Wer jetzt denkt "was will ich da ich hab doch nichts zu prä-
sentieren" ist wirklich alt. Ich rede nicht davon, dass Sie
Schillers "Lied von der Glocke" rückwärts aufsagen sollen
oder Beethovens Fünfte auswendig auf dem Klavier spielen.
Das waren in unserer Zeit Dinge, die man präsentierte.
Heute muss man da schon mit anderen Dingen auftrumpfen.
Einem Foto vom aktuellen Mittagessen, dem neuen Haustier
oder auch nur dessen Mittagessen.
Das Ganze nennt sich "Social Network" oder auch "Soziale
Netzwerke" also das sozial miteinander interagieren und sich
austauschen. Wenn man bei vielen Beiträgen auch denkt,
dass ist ehr asozial und nicht gemeinschaftlich, sondern ge-
geneinander.
Und da sind wir eigentlich schon beim Thema.

Egal ob man jetzt beim Platzhirsch Facebook agiert (den die
Jungend mittlerweile als Altersheim des Sozialen Netzes ab-
tut) oder bei Instagramm, TicToc, Youtube, SnapChat oder
all den anderen. Überall ist es ein leichtes, seine Meinung,
seine Gefühle und Gedanken oder einfach nur Mist rauszu-
hauen. Oft schließt das eine das andere dabei nicht aus.

Begrifflichkeiten

Damit dieser Beitrag leichter zu verstehen ist, sollte man ein
paar Begrifflichkeiten kennen, die je nach Anbieter/Plattform
anders heißen aber immer den gleichen Zweck haben.
Da haben wir einmal meinen **Kanal**, meine **Story**, meine
Seite oder mein **Profil**. Damit ist immer die Fläche gemeint,
auf der ich diese mehr oder weniger sinnvollen bis sinnfreien
Dinge veröffentliche. Man nennt dieses Veröffentlichen auch
posten. Neben seinem persönlichen Bereich gibt es dann
auch noch **Gruppen**, in denen alle Mitglieder der Gruppe etwas schreiben können oder Profile von Dienstleistern auf denen jeder kommentieren kann. Man kann also überall etwas
hinterlassen. Und da es sich im Netz auch nicht so leicht
entfernen lässt, sollte man überlegen was man tut.
Ein weiterer Begriff ist **Username**, **Profilname** oder **Nick-
name** oder was auch immer.
In einigen **Plattformen** (Also Facebook, Youtube, TiToc
tec.) kann ich mich trotz meines Übergewichtes und der
Akne-Narben statt mit meinem Realnamen auch "Mr.Sex-
Maschine" oder "Schönheit69" anmelden. Wobei die 69
schon wieder ein Hinweis auf mein Alter ist und damit das
Schönheit ad absurdum geführt.

Andere Systeme wie Facebook untersagen das. Dort laufen
automatische Systeme, die auch schon mal einen User mit

dem Nachnamen Ficker aussperren, obwohl es diesen allein in Deutschland etwa 1694 Mal (laut der Webseite www.fore-bears.io) gibt und damit 10 Mal so oft wie in den USA. Dann muss der Nutzer das belegen oder sich einen "anständigeren" Namen zulegen. Ob die mehreren Hundert User mit dem Nachnamen es mit Beleg auf Facebook geschafft haben oder der Algorithmus sie nicht gefunden hat ist eine der ungelösten Rätsel im Netz.

Was auf solch einer Plattform auf keinen Fall fehlen darf sind die Leute, für die man so etwas macht. Bei Facebook sind das alles meine **Freunde**, bei anderen Diensten heißt es zum Beispiel **Follower** oder **Abonnenten**.

Leider hat sich dieses amerikanische Prinzip, dass jeder den man kennt ein Freund ist auch hier durchgesetzt. Den Begriff "Bekannte" oder gar "flüchtige Bekannte" kennt man auf der anderen Seite des Atlantiks nicht.

Meine knapp 260 Freunde bei Facebook kenne ich zumindest alle persönlich mehr oder weniger gut. Mit wem ich nicht mindestens zwei Jahre hintereinander ein Bier auf dem Schwelmer Altstadtfest getrunken habe, den nehme ich nicht als Freund an. Aber das Prädikat "Freund" hat von diesen 260 vielleicht eine Hand voll verdient und sich erst außerhalb des Netzes erarbeiten müssen. Und meine besten Freunde sind zum Teil nicht einmal bei Facebook.

Ein Freund muss mir auch mal Nachts bei einer Panne helfen und nicht nur einen traurigen **Smilie** unter das Foto vom kaputten Auto setzen.

Wenn es um Videos oder andere Medien geht, dann spricht man gerne von SocialMedia. Beim verbinden von Menschen ist dann ehr das SocialNetwork der "Fachbegriff". Alles immer Sozial weil miteinander!?!?!

Das ist alles etwas kann pp und oberflächlich erklärt, aber wir wollen ja keine sozialwissenschaftliche Studie betreiben oder gar promovieren. Obwohl, sie würden sich wundern. Diese Plattformen bergen viel Potential.

Ich denke, damit haben wir mal die wichtigsten Dinge vorweg geklärt. Und wie geht das nun ab?

Was bringt das dann ???

Vergleichen wir es einfach mit einer Litfaß-Säule oder einer Plakatwand. Ein wenig Kleister und ich hau da ein Poster mit meiner Meinung drauf. Oben drüber steht noch fett mein Name.
Steht die Plakatwand mitten in der Shopping-Meile oder auf einer großen Kreuzung, sieht das natürlich jeder. Also sollte ich vermeiden, da meinen Chef als Idioten zu bezeichnen oder gewisse politische oder sexuelle Abnormitäten zu bewerben. Das macht sich irgendwie nicht so gut. Also häng ich solche Dinge entweder in den Hausflur meines Einfamilienhauses und lass nur bestimmte Leute rein, bei denen ich weiß, dass Sie mir wohl- oder gleichgesonnen sind. Oder ich nehme eben nicht meinen echten Namen. Warum dass aber keine wirklich sichere Methode ist, dazu kommen wir später. Bleiben wir also bei der Version des Hausflures. Stellen Sie dann aber sicher, dass es IHR Haus ist und nicht das von Ihren Eltern. Nicht, dass Mutti a Herzkaschper oder a Schlägle kriegt (schwäbisch für Herzinfarkt und Schlaganfall).

Drauf hauen auf diese virtuelle Litfaß-Säule kann ich so ziemlich alles. Von selbst geschriebenen Gedichten, über die schon erwähnten Fotos vom Mittagessen oder ganze Videos. Woher die kommen ist egal. Die kann ich mit meinem eigenen Handy aufgenommen haben oder von anderen Webseiten etc. kopieren. Urheberrechtlich wird da erstmal wenig geprüft (und wenn, dann ist das Ihr Problem). Aber auch inhaltlich ist alles frei, sofern es nicht wieder ein Automatismus erkennt und sperrt. So kann dann schon mal die eine nackte griechische Statue auf dem Index landen und ein Nacktfoto durchgehen, bloß weil sich die Schöne ein Herz auf beide Brustwarzen geklebt hat. So intelligent ist die Technik dann <u>noch</u> nicht.

Und was hab ich nun davon wird sich die ältere Dame vor diesem Buch fragen? Nun, sie zeigen doch beim Kaffeeklatsch auch gerne die Fotos Ihrer Enkelkinder rum. Der Unterschied ist, Ihre Kaffee-Genossinnen können diesem nicht entfliehen und müssen schön "Ah" und "Oh" und "wie süß" sagen. Sonst ist die Stimmung dahin.
Im Netz geht es da schon härter zu.

Ein einfaches Foto kann da schon einmal eine Welle von Beleidigungen gegen den Autor ausrichten was man allgemein **Shitstorm** (Scheiss-Sturm) nennt. Dabei muss man nicht mal das Foto des hässlichen Enkelkindes präsentieren. Es reicht eine naive, eventuell falsch formulierte Frage im falschen Personenkreis.
Bei manchen Antworten fragt man sich erst, ob die Leute nichts anderes zu tun haben, bis man sieht, wie "intelligent" diese sind. Dann merkt man, dass sie nichts anderes gebacken bekommen. Gerade auch deshalb sollte man sich seine "Freunde" auf den Seiten gut aussuchen. Das Schöne ist allerdings, dass man diese Freunde auch genauso schnell wieder los wird. Einfach den Freund anwählen, Die Schaltfläche „von meinen Freunden entfernen", Kontakt löschen" oder ähnliches und die Person bekommt nichts mehr von Ihnen mit. Es sei denn, Sie berichten von einem Erlebnis mit einem anderen Freund du markieren diesen in Ihrem Bericht. Wenn dieser Freund mit dem Ausgestoßenen ebenfalls befreundet

ist, dann bekommt dieser weiter alles mit. Wie im richtigen Leben.

Aber ich will Ihnen keine Angst machen. Taste Sie sich langsam an die Materie heran und posten sie nicht gleich die Bilder vom letzten Kegeltrip mit 2,5 Promille.

Facebook

Facebook, das auch als Fratzenbuch, Senioren-Netzwerk und anderen Begriffen bezeichnet wird, ist wohl immer noch die Nummer Eins.
Zumindest was die Anzahl der Benutzer angeht. Auch wenn vermutlich die Hälfte der genannten ~2,1 Milliarden User mittlerweile verstorben oder abgewandert ist, trifft man hier fast jeden. Und das wollen wir uns mal näher ansehen

Wir gehen auf Facebook online

Zuerst legen wir uns einen eigenen Account (oder auch Benutzerprofil) an. Dazu brauchen wir nur eine E-Mail Adresse, ein Passwort und ein paar persönliche Daten wie Geburtsdatum und Geschlecht(er) angeben. Schon steht unsere "Litfaß-Säule" mitten auf der Straße. Klar ist die noch ohne Informationen und wird daher von niemandem beachtet. Sie können Sie schon einmal durch weitere freiwillige Angaben gestalten. Wo sind wir zur Schule gegangen, wo arbeiten wir was, welche Hobbys haben wir und ähnliches.
Machen Sie aber nicht zu viel Angaben.

Dann können wir auch schon anfangen unsere Freunde zu suchen und uns mit diesen "verbinden". Dazu suchen wir zum Beispiel unseren Freund Max Muster, mit dem wir einmal die Woche in der Kneipe am Eck hocken. Blöd, wenn es mehrere Max Muster gibt. Dann müssen wir schon hoffen, dass er auf seiner Litfaß-Säule oben ein Bild hat, an dem wir ihn erkennen. Womöglich ist er auch mit seinem Spitznamen "Hefeweizen-Killer" hier präsent und hat ein Foto aus der Zeit, als man Ihm diesen Titel noch nicht ansah. Dann wird es schwer. Haben wir ihn aber gefunden, können wir Ihn als

Freund zufügen. Darüber wird Max umgehend informiert.
Wenn er diese Anfrage bestätigt, dann seid Ihr miteinander
befreundet.

TOLL!

Denn jetzt kommt langsam Dynamik ins Spiel, die Sie bei
den Abenden mit Max bisher nie erlebt haben. Ihnen werden
alle seine Freunde vorgeschlagen. Auch das pickelige Jüngel-
chen, dass Max öfter im Schlepptau hat. Und auch diesen
Personen wird Ihr Profil vorgeschlagen.

So entstehen "Freundschaften" heute.

Aber keine Angst. Das Schöne ist, dass ihnen hier keiner
übel nimmt, wenn Sie das ignorieren und mit Max allein bleiben wollen.
Jetzt stehen Sie und Max also bei Facebook und es passiert
nichts. Wie auch. Es kommt keiner bei Ihnen vorbei weil Sie
uninteressant sind und das bisschen, was in ihrem wahren
Leben passiert kennt Max schon vom Bier. Der schaut also
auch nicht dauernd vorbei. Also braucht es Freunde, die
Ihnen berichten, was in Ihrem Leben passiert. Unter solche
Posts können Sie dann einen Kommentar schreiben, den der
Autor und andere Freunde dann ebenfalls kommentieren
können. Damit kommt Leben in den Beitrag und auch Wal-
lung in das Blut der Beteiligten. Je nach Thema kann die
Diskussion nämlich auch mal entgleisen. Die Freunde von
Max und Sie kennen sich schließlich nicht und wen ich nicht
kenne beleidige ich schon ehr mal als meinen direkten Nach-
barn den alten Idioten.

Es gibt auch Gruppen, in denen Sie Mitglied werden können.

Da gibt es von den "Glückseeligen Hefebiertrinkern" in denen Sie sicher auch wieder Max treffen, über die "Nachbarschaftshilfe Berlin Neukölln" bis zur "Praktische Anwendung der Theoretischen Physik" so ziemlich alles.
Warum sich nicht mal mit ehemaligen Schülern seiner Grundschule austausuchen?
Ja, auch mit der fetten, doofen Inge aus der ersten Reihe. Da kann dann teilweise manch optische Überraschung bei rumkommen. Zuerst müssen Sie aber Inges Freund werden, wenn Sie alle Ihre Bilder und Berichte sehen wollen. Dann können Sie aber Inge auch persönliche Nachrichten schreiben, die nur Inge lesen kann.
Der blöde Kai, der Sie früher immer aufgezogen hat, dass Inge und Sie gut zusammenpassen, wird das nicht lesen können.
Es sei denn, Inge sagt es ihm.

Stimmt, so miese Weiber gab es wohl in jeder Klasse. Man hat Ihnen gesagt, dass man sie mag und die haben es rausposaunt. Kommen Sie jetzt aber nicht auf die Idee sich zu rächen, in dem Sie ein Foto von Inge in die Gruppe posten. So fing schon mancher "Krieg" an.
Im Laufe der Zeit werden Sie durch diese Gruppen sicherlich viele alte "Freunde" wiederfinden. Eventuell auch den Freund, dem sie noch 20.000€ schulden und der wiederrum Schuld daran hat, dass Sie damals bei Nacht und Nebel umziehen mussten. Aber in jedem Fall wird die Anzahl "Freunde" steigen und Sie werden erstaunt sein, welche Personen z.B. Inge kennt, die auch mit Ihnen befreundet sind. Da können Sie Ihrem Glück danken, dass Sie Inge nicht schon ehr irgendwo getroffen haben.

Gut, Sie haben nun also Freunde, eine Litfaß-Säule mit ersten Informationen zu Ihrer Person und nun kann es richtig losgehen. Lassen Sie die Freunde an Ihrem mehr oder weniger interessanten oder eventuell auch bedauerlichen Leben teilhaben. Machen Sie ein Foto Ihres Mittagessens und schreiben Sie ein paar Zeilen dazu und posten Sie das. Überlegen Sie aber genau, was Sie posten. Irgendein Kritiker ist immer in der Meute.

Sollten Sie sich in einem Post Müsli mit Milch zum Frühstück beklagen, weil Sie eine Laktose Intoleranz haben, wundern sie sich nicht über die Kommentare zu Ihrer Dummheit, falls Sie alleinstehend sind.
Sollten Sie in einer Partnerschaft leben, wird sicher der eine oder andere Kommentator gleich die Scheidung oder sogar Hinrichtung fordern.

Also beleben Sie nun Ihre Beiträge mit Fotos und/oder einem kurzen oder auch etwas längeren Text, um das Volk zu unterhalten.
Das ging damals schon bei Nero mit Brot und Spielen gut und hat sich bis heute kaum verändert. Sie können aber bei mangelndem eigenen Leben andere Beiträge von Freunden teilen. Das sollte aber gut überlegt sein und auch passen. Wenn Max mit der Uschi einen Tag in der Sauna verbringt und das so postet, kann es sein, dass es durch Ihr Teilen an Menschen kommuniziert wird, die es sonst nicht erfahren hätten. So zum Beispiel Uschis Mann, der mit Ihnen, aber nicht mit Max befreundet ist.

Unter den Beiträgen von renommierten Politikern/ Wissenschaftlern oder solchen, die keines von beidem wirklich sind aber Corona-Präsenz zeigten, konnte man stundenlang Kommentare lesen. Die einen wünschten Ihn zurück zu seinen "Freunden in Harvard" die anderen baten darum Ihn zu belassen wo er ist. Komisch, dass die Befürworter der

Stellung in Berlin meist als Arbeitsort eben dieses Harvard angaben.
Sie selbst sind bei solchen Menschen auch meist berechtigt Ihre Meinung abzugeben. Diese Personen machen Ihr Profil absolut öffentlich. Gut, zwischendurch ist es dann wieder gegen Kommentare gesperrt, wenn der Mob nach einem Strick oder ähnlichem schreit. Aber sie lernen es meist nicht und einen Tag später sind Sie wieder offen für jeden da.

Man könnte noch ewig weiter schreiben, aber machen Sie doch selbst den Versuch. Mehr als einmal für ein Tag der Idiot auf Facebook zu sein, kann nicht passieren. Morgen steht schon wieder ein Neuer auf.

YouTube

Ich hab schon mehrfach den Jugendlichen (Amtsdeutsch "junger Erwachsener" ohne Genderei) erwähnt, der im Internet ein Rezept für Nudelwasser sucht.
Aber da das Problem dann erst richtig los.
Wie lässt man Wasser ein?
Was ist ein EL Salz? Ist das ein Spanier? Ein Mexikaner?

Die Alten wussten, dass es ein Esslöffel ist.
Gut dass es YouTube gibt. Da wird einem tatsächlich ein 10min Video gezeigt, in dem jemand kommentiert, wie er Nudelwasser zubereitet. Leider fehlt die Fortsetzung, in der erklärt wird, wie man dieses später einfriert.

Heißes Wasser kann man schließlich immer mal wieder brauchen.

YouTube ist eine Video-Plattform, auf der wieder jeder mitmachen kann. Ob es nun das Video von der Taufe des
Stammhalters ist, dass man mit der Familie in Übersee teilen
will oder die letzte Szene davon, als der Pfarrer das Kind ins
Taufbecken fallen lässt mit der ganzen Welt.
Hier findet man tatsächlich alles.
Pro Minute kommen hier etwa 500 Stunden neues Film-Ma-
terial hinzu. Und genau Ihr Video-Geschmack ist auch dabei
und wird bedient.

Die Qualität der Filme variiert zwischen verwackelten Filmen
einer Firmenfeier, die man mit 2 Promille Glühwein aufge-
nommen hat, bis hin zu anspruchsvollen Erklärvideos.
Aber auch kommerzielle Filme finden sich immer mehr in der
Auswahl. Ähnlich wie beim Suchmaschinen-Primus Google,
dem diese Plattform ebenfalls gehört, findet man auf der
Startseite ein Eingabefeld in das man seine Suche eingibt.
Ob es nun das Video der coolen Band aus den 80 Jahren
oder vom Großbrand am Wochenende ist, irgendwer hat das
Video sicher einmal hochgeladen. Und mit jeder Suche
merkt sich YouTube mehr, was Ihnen gefällt.
Klicken Sie eines der vorgeschlagenen Ergebnisse an,
schlägt YouTube Ihnen im Abspann gleich einen passenden
Nachfolge-Film an.

Und da liegt eines der Probleme!
Man will nur mal *kurz* abends das Video vom Wacken-High-
light 2020 ansehen und wird nach gerade mal 8 Stunden
vom Wecker unterbrochen und soll zur Arbeit, während man
gerade noch Wacken 2023 ansieht. In der zweistündigen Zusammenfassung.

Wenn Sie sich ein Konto anlegen (für alle Schwaben wieder der Hinweis: 's isch umsonscht !!!) können Sie sich Videos auch merken und diese kommentieren. Sie können sich Playlists von bestimmten Videos anlegen, und zu einzelnen Videos mit dem Ersteller oder anderen Zuschauern diskutieren. Das kennen Sie ja schon von Facebook.

Aber auch hier macht YouTube das nicht aus Nächstenliebe für umsonst. Die sind wie eine süddeutsche Bevölkerungsgruppe und machen nichts ohne finanziellen Hintergedanken.

Man sammelt Ihre Daten. Sind Sie bei YouTube angemeldet, sind Sie es auch auf der Suchseite des Mutterkonzerns Google. Wenn Sie also zuvor stundenlang Hardrock-Videos gesehen haben und dann auf Google nach Bier suchen, wird man Ihnen auf Platz 1 sicher kein alkoholfreies Bier präsentieren. Aber dafür müssen Sie auf YouTube auch nicht mit Videos von Helene Fischer rechnen.
Alle Ihre Gewohnheiten, Interessen und vieles mehr werden analysiert und zu Ihrem Besten aufbereitet.
Sie klicken einfach eines der vielen Vorschaubilder an und genießen was sie sehen. Oder auch nicht. Sie können sich dabei auf Ihr Glück verlassen oder nach dem Klicken unterhalb des sich öffnenden Bildes im rechten Bereich die "Daumen hoch" und "Daumen runter" drücken. Damit lernt YouTube noch mehr über Ihren Geschmack.

Der kritische Leser mag nun fragen, was es jemandem bringt, ein Video dort zu veröffentlichen.
Das frag ich mich "manchmal" auch wenn ich die Ergüsse mancher Hobbyfilmer sehe. Aber es ist bisweilen auch lehrreiches, lustiges oder rares Material dabei. Wo sonst hat man die Möglichkeit sämtliche Wochenschauberichte der

Dritten Reich chronologisch anzusehen oder sich mit ein
paar Klicks seine Lieblings-Songvideos aus den 80ern zu-
sammenzustellen.

Es sind Enthusiasten, die gerne etwas teilen möchten oder
auch Menschen die helfen möchten. Wenn man dann mit
seiner Hilfe auch noch Geld verdienen kann, umso besser.
YouTube zahlt solchen Filmemachern abhängig der aufgeru-
fenen Videos einen Betrag. Hier klingen zwar 1-2 € für 1000
Aufrufe nicht viel, aber Kleinvieh macht auch Mist.
Und mancher Mist bekommt einige hunderttausend Klicks.
Wenn man dann in dem Video noch etwas Werbung plat-
ziert, weil man sich im Stylischen Shirt der angesagten Mo-
demarke präsentiert, kann man mit denen sicher noch was
aushandeln.

Aber auch immer mehr Firmen präsentieren sich in der einen
oder anderen Form auf der Plattform und helfen, wodurch
Sie gleichzeitig werben. So hat einer meiner Lieblingskanäle
einer Kölner Medien-Kanzlei mittlerweile über 1 Millionen
Follower und seine Filme knacken schon nach wenigen Ta-
gen die 100.000 Klicks. Leicht verständlich, lehrreich und für
die Kanzlei eine optimale Werbung.
Wenn nur mehr Firmen solche Qualitäten liefern würden.

Meist bleibt es bei einem Versuch oder einer Eintagsfliege vi-
deographischer Leistung.

Anders sind dann schon die "jungen Erwachsenen" die sich
gerne als Influenzer bezeichnen. Oft zu blöd Ihren Namen
zu schreiben, aber so begabt Produkte anzupreisen, dass sie
sich dumm und dämlich verdienen.
OK, da sie das häufig schon sind, dann eben nur verdienen.

JA, ich bin ein wenig neidisch. Mir fehlt es leider am entsprechenden Erscheinungsbild um mit einem unprofessionellen Handy-Video einen Hype für das Produkt A oder B auszulösen. Und diese Influenzer (wo immer dieser blöde Begriff auch her kommt) beherrschen die Masen und entscheiden über Marktanteile bei MakeUp, Jacke oder Pickelcreme. Eventuell versuche ich mich ja mal mit dem Test von Rollatoren und Heizdecken für meine Altersgruppe.

Abgesehen davon, dass YouTube Ihnen eigentlich dauernd Videos von werbenden „Filmemachern" präsentiert, schaltet es zwischendurch immer einen echten Werbespot. Also eine riesige Geld-Maschine. Aber eben nicht für Sie sondern für den Konzern.

Wir fassen zusammen, YouTube ist ein Videokanal, der zeigt was sie wollen, anbietet was sie bisher noch nicht (aber jetzt unbedingt) wollten und damit massenhaft Geld macht.

Wo Geld zu holen ist, sind auch andere nicht fern. Da lässt man dann auch mal (ganz schnell) seine politische Ideologie hinten anstehen.
Die kleinen kommunistischen Chinesen haben vor einigen Jahren eine nicht gerade kleine Videoplattform namens Tic-Toc ins Leben gerufen.
Zugeschnitten auf die Jugend ist es hier noch einfacher, Videos direkt mit dem Handy hochzuladen und aufzuhübschen. Allerdings ist Google/YouTube gegen die Chinesen ein Musterknabe, was das Ausspähen seiner Nutzer angeht. TicToc nimmt hier alles was es an Daten vom Nutzer abgreifen kann. Und das ist viel, wie wir an anderer Stelle noch sehen werden.

Influenzer

Nein ich meine nicht die Grippe. Die heißt Influenza. Aber es ist sowas ähnliches. Es ist nervig, verbreitet sich schnell und man wird es nur schwer wieder los.

Influenza sind Menschen, die im Internet einen Einfluss habe. Damit meine ich nicht Leute wie der Microsoft-Chef Satya Nadella oder die Leute der Telekom.
Es sind Leute, die mit Ihren Videos zu den neuesten Modetrends, Makeup und anderen „wichtigen" Dingen richtungsweisend sind. Es gibt Influenzer, die hocken daheim, spielen ein Computerspiel und andere Menschen im Netz können Ihnen dabei zusehen. Und damit scheffeln die im Monat mehr Kohle als Altenpflegerin Uschi in einem Jahr. Der will keiner beim Patienten-Pflegen zu sehen. Dabei hat die Ihre Schule nicht abgebrochen, sondern 3 Jahre Ausbildung hinter sich.
Aber gut. Das kennen wir ja schon von jeher aus dem Fußball. Ein bisschen hinter dem Ball herlaufen, hinfallen, Mehr jammern als Opa mit dem Einschuss vor Stalingrad und danach in den Ferrari hüpfen und Party machen.
Und wer zuschaut, zahlt.

Ob es nun durch die teure Jahreskarte fürs Stadion oder das Abo für den Sportkanal ist.

Kein Wunder ist das einer der meistgenannten Wunschberufe bei Jugendlichen, die vor dem Schulabschluss stehen. Zumindest in den unteren Bildungsschichten. Der Gymnasiast hat schon in der 7. Klasse erkannt, dass die Chance hier durchzustarten geringer ist als mit einem Holzbein Profi im Sturm beim FC Bayern zu werden.
Aber gut, es gibt auch Influenzer, die haben was drauf. Allerdings bewegen sich deren Klickzahlen und damit Einnahmen im unteren Level und sie machen es mehr aus Spaß an der Freud oder um eine Ihnen am Herzen liegende Message zu verbreiten.
Oder wie bereits im Kapitel „YouTube" beschrieben, um tatsächlich Kompetenz zu beweisen und nebenher sein Unternehmen damit zu bewerben. Dann haben aber auch Beide Seiten etwas davon und im ersten Schritt der Betrachter.

Ich ziehe regelmäßig Wissen für meinen Beruf und mein Privatleben aus dem Videokanal der besagten Anwaltskanzlei, ohne aber bei diesen Kunde geworden zu sein.
OK, ich geb zu, ich hab eines seiner Bücher gekauft.

Naja. Ein paar Freunde hab ich auch schon dorthin verwiesen. Und außerdem....

Sie sehen. Es funktioniert auch für beide Seiten gewinnbringend.

Aber genug davon geredet und die zukünftigen Video-Helden unserer Republik schlecht gemacht.

Bilden Sie sich einfach auf einem der vielen SocialMedia Kanäle wie YouTube, TikTok, SnapChat oder direkt in Facebook selbst eine Meinung.

Aber verallgemeinern Sie es nicht auf das ganze Internet und melden Sie gleich Ihren Online-Anschluss ab.

Es gibt auch sinnvolles im Netz.

Das Darknet

Uh, das kennen Sie!!! Da wird man immer gewarnt.

Da tummeln sich die Bösen. Die Mörder, Waffen- und Drogenhändler und Kinderschänder.

Ja, auch die. Und das auch nicht zu knapp.

Aber genauso bewegen sich dort Menschen, die sich im normalen Internet nicht bewegen können oder wollen. Homosexuelle in islamischen Ländern, politisch andersdenkende in einer Diktatur oder einfach nur ein deutscher Volksvertreter, der einmal ohne Tracking (siehe vorherige Kapitel) durchs Netz will. Dort findet man auch die Seiten, die es im normalen Netz gibt. Aber es ist eben nicht ratsam, in Moskau als „teuer" Staatsbürger die NewYork Times zu lesen. Das macht man einfach nicht.

Das ist wie früher in der DDR Westfernsehen glotzen.
Nur das hat nicht automatisch jeder mitbekommen wir beim heutigen Netz-Verkehr.

Das Darknet ist kein separates Netz, wie es oft dargestellt wird. Es ist nur eben ein "unsichtbarer" Teil des Internets. Betrachte Sie es einfach wie das Hinterzimmer in einem Lokal, dessen Tür nicht sichtbar ist. Ich hatte im letzten Absatz des Kapitels "Internet-Dienste (Ein erster Überblick)" schon die drei Schichten kurz angesprochen und für den Teil "Darknet" noch um Geduld gebeten.
Ich hoffe das Warten hat sich gelohnt. Gehen wir also mal rein und schauen, wie es funktioniert.

Wenn Sie dieses Buch aufmerksam gelesen haben und nicht nur Teile, erinnern Sie sich sicherlich noch daran, wie das Internet funktioniert.

Richtig !!!
Sie geben eine Adresse ein und Ihr Broser baut eine Verbindung zu dieser Seite auf und zeigt diese an. Und Sie erinnern sich auch noch an das Beispiel mit dem Versandhaus Quelle, das wir unter www.quelle.de aufrufen. Unser Computer sendet die Anfrage an den DNS-Server, dieser sagt, schau mal auf der IP-Adresse 185.85.0.81 vorbei und diese Seite weiß dann, wer Sie sind und wohin Sie die Inhalte, also die Webseite schicken muss. Und da ist es egal, ob Sie einen oder viele Artikel suchen.

So funktionieren die Webseiten im Internet alle.
Oder eben fast alle.

Denn diese IP-Adressen sind weltweit nachverfolgbar. Man sieht, was von Ihnen gesendet und was empfangen wird. Wenn Sie da also auffallen, weil Sie z.B. bei Facebook zu Gewalt gegen bestimmte Personen aufrufen, bedarf es nur noch eines richterlichen Beschlusses und Sie bekommen einen Hausbesuch der örtlichen Polizeidienststelle.

Die leihen sich dann mal kurz alles aus, was sich daheim in Ihren vier Wänden an IT befindet und wünschen noch einen schönen Tag.

Das Blöde ist, sie stehen dann sogar ohne Handy oder Tablet da. Dafür finden die netten Fachleute (IT-Forensiker) auf Ihrem Rechner alles wieder. Auch das, was Sie selbst schon lange als gelöscht abgehakt haben. So ein Computer hat ein besseres Gedächtnis als eine Ehefrau. Auch wenn Sie meinen, Sie haben alles „gelöscht".

Also sollten Sie nicht bei Google nach "Auftragsmörder für Schwiegermutter" suchen und diesen dann über eine Webseite buchen. Auch die Drogen für die nächste Party ordert man besser nicht auf der ausländischen Webseite und lässt sie sich dann nach Hause senden und zahlt auch noch mit der persönlichen Visa-Card.
Alles hinterlässt Spuren. Ihr Rechner mit seiner IP-Adresse ist identifizierbar, Ihre Visa-Card bucht gleich von Ihrem Bankkonto ab und auch Ihre Mail-Adresse ist allgemein bekannt.

Daher geht man für so etwas ins Darknet.

Dazu benötigen Sie eigentlich nur einen bestimmten Browser. Diesen TOR-Browser können Sie frei im Internet herunterladen und installieren. Aber glauben Sie nicht, dann können Sie Google aufrufen und den Killer suchen. Auch www.killer-online.com wird nicht zum Ziel führen.

Die Adressen im Darknet sind kryptisch und führen nicht direkt zum Ziel.

Wollen Sie z.B. Facebook im Darknet aufrufen, geben Sie im Browser die Adresse

www.facebookwkhpilnemxj7asa-niu7vnjjbiltxjqhye3mhbshg7kx5tfyd.onion/

ein (ABER NICHT VERTIPPEN!!!!) und schon sehen Sie die Facebookseite wie unter www.facebook.com.
Nur, dass Ihre Anfrage über eine Reihe Knoten gesprungen ist und jeder dieser Knoten nur den vorherigen und den

nachfolgenden kennt.
Somit ist Ihre Anonymität gewahrt. Aber eben auch die Ihres Anbieters. Den kennt auch nur der letzten Knoten im Netzverkehr.

Wer sich sowas ausdenkt?
Dreimal dürfen Sie raten! Sicher nicht die zwei Gelegenheits-Kriminellen bei Ihnen aus der Parkanlage.

Der amerikanische Geheimdienst, der damit eine Kommunikation seiner Mitarbeiter ermöglichen wollte, kommt da schon ehr in Frage und ist auch offiziell in der Literatur als Schöpfer erwähnt. Irgendwann haben die Jungs von Uncle Sam dann gemerkt, dass es auch hilfreich ist, wenn andere diese Technik nutzen können.
Nein, nicht der lokale Drogenbaron von der schwäbischen Alb, sondern der Informant aus der Moskauer Innenstadt oder Beirut-Süd. Und irgendwann kennt das eben jeder.

Gezahlt wird selbstverständlich nicht mit Kreditkarte oder auf Rechnung.
Obwohl, das gab es schon und die Leute haben sich dann gewundert, dass die Polizei mit der Rechnung vor der Tür stand. Blöde Nutzer gibt es eben auf jeder Plattform, nicht nur bei TicToc.
Aber es gibt wie im normalen Netz auch Shop-Bewertungen, Trusted Sides (also geprüfte Seiten), Ein sicheres Zahlen wie bei PayPal und andere Dinge.

Und über die Suchmaschinen wie Torch, Ahmia und Co finden Sie sich schnell zurecht.

Aber wer wird schon dieses Buch nach diesen Erkenntnissen beiseitelegen und das Darknet aufrufen, um eine Waffe zu kaufen.

Ärgern sie sich einfach, dass das Buch nicht Ihren Erwarten entsprach, und haken Sie es als Erfahrung ab. Ich bin nur ein kleiner Autor und keine Haftstrafe wert.

Cloud

Wenn heute irgendwer Daten speichert, dann macht er das oft in der Cloud (englisch gesprochen "Klaud").
Viele Kritiker sagen, der Name ist Programm, da man dort die Daten leichter klaut.
Nun, es kommt sicher vor, das dort Daten geklaut/entwendet werden, aber ob das so viel einfacher geschieht?

Dazu muss man verstehen, was die Cloud (das englische Wort für "Wolke") ist.

Jeder kennt von jeher das Speichern von Daten auf der Festplatte des eigenen Computers oder auch auf einem zentralen Laufwerk im Unternehmen. In diesen Fällen weiß ich, dass die Daten von A nach B kopiert werden und dort liegen. B kann in meinem Computer fest eingebaut sein (die Festplatte), am Rechner angeschlossen sein wie bei einem USB-Stick oder einer externen Festplatte oder irgendwo in der Firma an einem festen Punkt stehen. Sei es auf einem weiteren Rechner oder in einem eigenen Rechenzentrum, wie es sich Großunternehmen leisten.
Das weiß mein Computer - der Alleswisser - und macht das ohne Murren.

Genauso kann ich ihm aber auch sagen "raus damit ins Internet".

Dann schiebt mein Rechner die Daten dorthin und irgendein Dienst schnappt sich die Daten und speichert Sie irgendwo ab. Will ich Sie wieder haben, muss ich den Dienst fragen, wo er die Daten denn überhaupt hingelegt hat und Sie mir BITTE, BITTE, BITTE wieder zur Verfügung stellt.

Das kennt man von seinen Kindern, denen man nur mal kurz den Klebestift leiht und dieser verschwindet im Bermudadreieck des Kinderzimmers. Da hilft dann nur eine Ansprache an die "Vernunft" des Zöglings.
Aber auch nur eventuell.

Und das probieren Sie jetzt mal bei einem Dienstleister, der Ihre Daten "irgendwo" speichert und es nicht einmal weiß. Sie sind anonym und die Daten nicht direkt als IHRE gekennzeichnet. Sie vertrauen Ihr Auto oder Ihren Schmuck auch nicht einfach irgendwem an, oder?
Sonst fahren Sie statt Ihrem tollen Auto irgendwann Bus und finden den Erbschmuck von Tante Käthe bei Ebay wieder.

Aber auch wenn der Aufbewahrer die Sachen nicht selbst verhökert, aber diese einfach offen liegen lässt ist das ein Risiko.

Stellen Sie sich hier vor, er schmeißt Ihren Autoschlüssel einfach in eine riesige Kiste und soll ihn dann wieder finden. Und genau so verhält es sich mit der Cloud.
Ein Netz aus Lagerhäusern, die von verschiedenen Firmen verwaltet werden. Wenn da was wegkommt, weiß keiner genaue Details und meist merkt man es ja auch nicht.
Die Daten sind ja oft noch da, aber zusätzlich auch an eine

andere Stelle kopiert. So als würde Ihr Auto in der Garage stehen, aber ein weiteres fährt (nicht mit Ihnen am Steuer) durch die Stadt. Na frohes Fest, wenn die ersten Strafzettel kommen.

Es gibt hier viele kleine Anbieter, die tolle Gimmicks bieten, um Ihre gespeicherten Daten effektiver zu nutzen. Sie erhalten Statistiken wie oft Sie ihr gespeichertes Grillrezept anderen Nutzern zur Verfügung gestellt haben, wie oft Sie es geändert haben und vieles mehr. Dinge, die Sie mit Ihrer Festplatte daheim nicht machen können. Aber wie bei einem Computer daheim, müssen auch solche Rechenzentren und die Wege zwischen Ihnen daheim und Ihrem Datenspeicher gesichert werden. Wenn daran gespart wird oder der für die Sicherung verantwortliche nichts kann, dann ist das wie Ihr Tagebuch aus der Pubertät bei Facebook zu posten und zu hoffen, dass es keiner liest.
Findet es jemand, der Ihnen nicht wohlgesonnen ist, erfährt jeder, wie das Flaschendrehen auf Uschis Party vor 20 Jahren ausgegangen ist. Noch peinlicher wird es, wenn Sie da auch ein Foto beigefügt haben, was sich jeder kopieren kann.

Ich bin jedenfalls froh, dass wir damals noch keine Handy hatten und Polaroid zu teuer war.

Nun. Wir wissen nun also, dass die Cloud einfach wie eine Festplatte ist, von der wir nicht wissen, wo sie steht und wir davon abhängig sind, dass der Besitzer wenigstens weiß wo sie sich befindet.
Das andere Problem ist, dass er die Daten dort sicher aufbewahren muss. Aber damit ist das Hauptproblem noch nicht geklärt. Was ist, wenn der nette Dienstleister doch nicht so nett ist wie wir denken, dass er es ist? Wer baut schon ein

Rechenzentrum für viel Geld, betreibt es mit noch mehr
Strom und zahlt dann noch Geld für Wachpersonal, Service-
techniker und anderes? Ein Wohltäter ?!?!?

Oder jemand, der weiterdenkt.
Wenn ich von meinen Nutzern alles erfahre oder besser gesagt Sie mir alles anvertrauen, kann ich damit verdammt viel
Kohle machen. Nicht umsonst werden Daten auch als das
"neue Öl" bezeichnet.
Aus diesem Grund empfehle ich immer nur Cloud-Dienste zu
nutzen, die einen guten Namen haben (und sich das dann
aber auch entsprechend bezahlen lassen) oder die eine Speicherung der Daten in verschlüsselter Form zulassen. Aber
so, dass Sie auf Ihrem Gerät verschlüsselt werden und erst
dann in die Cloud gesendet werden. Auf dem Rückweg werden diese auch erst nach dem Abruf vom fernen Speicher
auf Ihrem Gerät entschlüsselt. So hat Ihr Anbieter auf seinem Speicher nur eine wilde Zeichenfolge, die niemand lesen kann.
So etwas kennt man schon lange vor dem Computer und sie
haben es sicher schon oft in alten Filmen aus dem Dritten
Reich gesehen.
Wenn irgendwo ein Funkspruch bei den Deutschen einging,
hat der Funker sich erstmal an die Schreibmaschine gesetzt
und wie eine 80jährige Sekretärin darauf langsam rumge-
tippt. Das war aber nicht, damit der Kommandant den Funkspruch sauber abgetippt bekam, sondern die "Schreibmaschine" war eine Enigma. Nur wer den aktuellen
Schlüsselcode kannte, war in der Lage die Zahnräder darin
so einzustellen, dass auf das jeweils getippte Zeichen, das
Entschlüsselte herauskam. Der Gegner war also ausgesperrt.
An diesem Beispiel sieht man auch deutlich, dass nicht nur
beim Empfänger das Vertrauen da sein muss. Es wäre wohl
halb so schlimm, wenn in einem U-Boot der Wehrmacht der

Koch die Nachricht vor dem Kapitän gelesen hätte (außer das dessen Ego untergaben worden wäre).
Aber der Übertragungsweg selbst war eben die Gefahr. Und so verhält es sich auch im Internet. Ihre Daten gehen auf dem Weg von Ihrem Computer daheim auch nicht den direkten Weg zum Speicher bei Microsoft sondern laufen auf Umwegen (Siehe Kapitel „Das Routing") zum Ziel.

Also immer erst die Daten unleserlich machen, bevor Sie diese aus der Hand geben.

Software as a Service

Im letzten Kapitel haben wir uns schon die Cloud angesehen und festgestellt, dass selbst die schönste Wolke (engl. Cloud) so einiges an Gewitter verursachen kann, wenn die Daten darin nicht sicher sind.
Jetzt gehen wir noch einen Schritt weiter und schauen uns weitere Dienste der Cloud an, denn die ist mehr als ein riesiger Datenspeicher im Irgendwo unter der Verwaltung von Irgendwem.

Jetzt hauen wir die Daten sogar bewusst unverschlüsselt raus an einen Anbieter, weil der die Daten lesend bearbeiten soll. Schlimmer noch, wir wollen, dass er diese bearbeitet und dann neu speichert, zurückschickt oder rosa einfärbt. Dann wäre ja blöd, wenn der die Daten gar nicht lesen kann die er bekommt. Klar werden die Daten auf dem Transport verschlüsselt, aber am Ziel wissen wir nicht wie es dort weitergeht.
Das ist wie wenn Sie einen Brief an die Süße Maus bei der Versicherung schicken mit der sie neulich telefoniert haben. Sie wollen ja nicht, dass das hirnlose Kraftpaket auf der Poststelle schon ihre Gedichte mitliest.
Aber auch wenn Sie den Umschlag versiegeln, wissen Sie nicht, was die Dame am Ziel damit macht. Hängt die Ihren Liebesschwulst ans schwarze Brett, zeigt Sie es Ihrem Mann oder was auch immer.
Es ist eine Sache des Vertrauens! Und das haben sie sicher nicht, wenn Sie einmal mit Fräulein Krause telefoniert haben.

Solche Dienste in der Cloud nennt man dann auch gerne Software as Service. Wir installieren uns kein Programm auf dem Computer, dass unsere Steuer macht oder das unsere Personalverwaltung organsiert, sondern wir mieten uns diesen Dienst im Internet.

Klar wissen wir, dass dies die Firma X für uns macht. Aber wie Sie das macht ist ein Geheimnis. Das ist dann bisweilen so groß, dass die Firma es selbst nicht wirklich weiß. Gerade in der modernen Zeit kann ich als Startup (früher sagte man Brancheneuling mit einer tollen Idee) mir meine Idee im Baukasten zusammenstecken. Das Endprodukt ist total neu und auch innovativ, die Bauteile aber eventuell miserabel zusammengeschustert. So wie bei gewissen Elektroautos.

Tolles Design, ansprechend für den Kunden aber noch nie was von deutschen Spaltmaßen gehört.

Und bei Ihren Daten und der Sicherheit klafft dann eben eine Lücke auf, durch die sie einen deutschen Panzer schieben können.

Schlimm!!! Und das nicht nur, weil der Panzer statt elektrisch mit ein paar hundert Litern Irgendwas dahindröhnt (Info: Der Leopard Panzer kann so ziemlich alles verbrennen und in Auspuffwolke und Fortbewegung wandeln).

Es mag ja zielführend sein, wenn Sie statt einer teuren Komplett-Software für Ihren Schachverein einen Service in der Cloud buche, der nur ein Zehntel kostet oder aufgrund geschalteter Werbung sogar umsonst ist. Aber überlegen Sie mal, warum dieser Service so billig ist.

Wenn Sie darin nur die Adressdaten Ihrer Mitglieder verwalten, um diesen automatisiert die Einladung zur Jahreshauptversammlung oder zum Kreis-Turnier zu senden ist das OK (beachten Sie dennoch die Datenschutz-Regelungen).

Wenn Sie aber der Vorstand einer Selbsthilfegruppe (Alkoholiker, psychisch Kranker oder andere sensibler Personen sind) sollten Sie doch lieber den Beitrag erhöhen und was sicheres kaufen. Mit sensible meine ich dabei nicht die

Personen, die vermutlich mit Ihrem Problem umgehen können - Sonst wären Sie nicht in der Gruppe - sondern deren
Daten. Hier spricht man auch von besonderen personenbe-
zogenen Daten und deren Schutz ist genau geregelt und
muss eingehalten werden. Sonst hat der Vorstand ein Problem.

! Werbung an !
Damit sind wir wieder bei einem meiner nächsten Bücher
„Datenschutz für Alle"
! Werbung aus !

Seinen also Sie sensibel bei der Nutzung solcher Dienste.
Viele werden jetzt sicher kopfschüttelnd vor dem Buch sitzen. Klar. Kann Ihnen nicht passieren.
Echt? Was ist mit der tollen App auf dem Handy, die Famili-
enfotos in ein Bild im Comic-Style umwandelt? Die Gesichter
werden nicht auf dem Handy gelb gefärbt. Ihr Handy sendet
das Bild an einen Server irgendwo auf der Welt, der identifi-
ziert die entsprechenden Konturen und färbt sie passend
ein. Danach erhalten Sie das Bild zurückgesendet. Nicht,
ohne zuvor einige Daten/Informationen zu anderen Zwecken
zu kopieren und aus dem Bild auszulesen.
Wussten Sie zum Beispiel, dass in jedem Foto, das Sie mit
Ihrem Handy und Standard-Einstellungen aufnehmen, Die
Seriennummer des Handy, Typ, Blende, Belichtungszeit und
GPS-Position (Das ist auf den Meter genau die Position, wo
das Bild aufgenommen wurde) abgespeichert werden? Und
die kann man auslesen.

Oder einer diesen vielen Berechnungs-Services. Sie wollen
ohne Anwalt Ihre Scheidung berechnen, Ihre Hausfinanzie-
rung planen oder was auch immer? Glauben Sie nicht, dass

172

das Internet voller Wohltäter ist, nur weil diese Leistungen „kostenlos" sind.

IoT

Das Internet wurde wie wir mittlerweile wissen von einem Austauschsystem der Militärs und später der Wissenschaft zum Tummelplatz von Wahnsinnigen aller Couleur " degradiert.

Das Internet als Steuerung

"Schlimmer geht immer" heißt es ja. irgendwann kam dann jemand auf die Idee, nicht nur einen normalen Computer daran anzuschließen.
Ist ja auch klar. Ob ich nun ein Bild oder eine Textdatei bestehend aus 0 und 1 durch die Kabel schicke oder gleich ein Gerät seinen Status in die Welt posaunen lasse ist da kein Unterschied.
Ob Uschi Wichtig nun ein Foto Ihres Mittagessens postet (Siehe Facebook) oder der Backofen gleich hinterherschreit, dass er noch eingeschaltet ist, macht das Ganze dann auch nicht schlimmer.

Nachdem das immer mehr zunahm, sprach man irgendwann vom "Internet of Things" kurz IoT oder Internet der Dinge. Heute unterhalten sich der Backofen und der Kühlschrank zusammen und die Stereoanlage gibt den Sound dazu. Klingt doof, ist aber so.

Wo wir hinsehen kommunizieren Gegenstände und Maschinen miteinander und meist sehen wir es nicht einmal. Sei es die Türklingel, die mich im Urlaub anruft um mir zu sagen, dass Schwiegermutter nach 3 Stunden Bahnfahrt total fertig vor der Tür steht (hab ich echt vergessen Schwiegermonster über meinen Urlaub zu informieren?) oder meine Heizung im

Ferienhaus, die ich 3 Stunden vor der Ankunft samt Sauna und Whirlpool vorheize.
Sitze ich dann im heißen Blubberwasser mach ich daheim das Außenlicht an. Schwieger-Ma soll ja nicht im Dunkeln stehen.

Die Einsatzbereiche werden ständig mehr und die Bauteile sind aufgrund Ihrer Massen immer billiger. Alles was Sie brauchen ist ein Netzwerkanschluß (sei es mit Kabel oder WLAN). Damit hat Ihr Gerät eine eindeutige IP-Adresse und ist von überall im Internet erreichbar.

Wenn Sie jetzt sagen wollen, Ihr Ferienhaus hat kein Internet weil es außerhalb vom Ort liegt, dann verkneifen Sie es sich gleich. Wenn Sie einen normalen Handy-Empfang haben, dann haben Sie meist auch einen Internet-Empfang über Funk. Und das kostet nur ein paar Euro im Monat.

Nun müssen Sie nur noch die Nullen und Einsen senden, die ihm sagen, es soll angehen, heizen, kühlen oder was auch immer. Da Sie das natürlich nicht so einfach können, gibt es wieder Dienste, die das übernehmen. Sie haben z.B. auf dem Handy eine App, die Ihnen ein schönes Thermometer zeigt. Drehen Sie daran, werden die richtigen Nullen und Einsen an Ihre Heizung gesendet. Ganz tolle Dienste wie die von Amazon oder Apple reagieren sogar auf Sprachbefehle wie "Alexa mach Licht vor dem Haus" oder "Siri spiele Musik".
Da sitzt dann kein Zwerg (Oder muss ich Kleinwüchsiger sagen?) im Gerät der auf den Namen hört und die Platte auflegt, sondern ein rieser Rechner irgendwo auf der Welt hört mit. Das Mikrofon in Ihrem Gerät hört den Befehl, sendet Ihn an einen Rechner und der analysiert Ihre Sprache. Was der dann versteht setzt er in Computerbefehle um und

schickt Sie zurück zum Gerät. Und das schneller als Sie mit der Hand das Gerät anschalten könnten.

Schöne neue Welt. Aber auch die hat eine Kehrseite.

Alle diese Befehle werden auf dem zentralen Rechner gespeichert und wenn Sie die nicht regelmäßig löschen ist das wieder die so oft erwähnte Stasi-Akte 2.0. Diesmal aber in top Tonqualität.

Außerdem ist Alexa (das Sprach-Assistenz-System von Amazon) eine dumme Nuss.
Die hört auf jeden.
Wenn Ihr Nachbar was gegen Sie hat, braucht er in Ihrem Urlaub nur laut "Alexa spiele Hardrock-Musik" durch die Etagentür schreien und Sie werde am Pool auf Malles schnell mal vom örtlichen Polizeirevier angerufen, die Ihnen mitteilen, dass Sie sich über Ihre Alexa oder manuell schon mal eine neue Eingangstür bestellen sollen.
Für alle, die Alexa nicht kennen: Sie können tatsächlich eine Eingangstür sprachlich auf die Einkaufsliste setzen lassen.
Andere Dinge, bei denen man keine Maße oder Farben angeben muss ordert Sie direkt.

In der Vergangenheit gab es Fälle, in denen Leute so blöd waren Siri (das System der Firma Apple) zu fragen, wie man eine Leiche am Besten verschwinden lässt. Sie hätten im Nachgang auch fragen sollen, wie man alle Spuren (insbesondere diese dumme Frage) beseitigt.
Aber auch diese kleinen Dinger von Apple namens Air-Tag sind ein Beweis-Mittel, dass Ihnen übel mitspielen kann.
Diese Teile sind nur 3x1cm groß und federleicht. Sie funken Ihren aktuellen Standort über jedes in der Umgebung befindliche Apple-Handy an den zentralen Rechner bei Apple in

den USA. Wer die Zugangs-Daten für dieses Gerät hat, kann
auf dem Zentral-Rechner den Standort einsehen.
Meist verwendet man die Dinger um irgendwelche Dinge wie
sein Auto bei Diebstahl zu orten oder ähnliches. Stellen Sie
sich aber vor, Ihr Partner (Mann, Frau, egal) hängt Ihrem
Bello so ein Teil um, weil das Biest schon öfter abgehauen
ist. Dann sollten Sie sich beim Gassigehen mit Bello strikt an
die Route halten. Zwei Stunden bei Kalle in der Kneipe rein-
schauen und anschließen behaupten, Bello brauchte beim
Kacken so lange, ist dann nicht drin. Dann können Sie nämlich gleich wieder zurück zu Kalle in die Kneipe und später
ein paar Nächte zu Ihm auf die Couch.

Und nun wird es richtig gruselig...

Spionage

... denn Ihre Frau guckt Ihnen dabei zu. Kalle hat nämlich im
Wohnzimmer eine Video-Überwachung zum Schutz seiner
seltenen Bierdosen-Sammlung anlässlich der EM2024 (da
wurden nur gerade mal 2,5 Millionen von hergestellt).
Damit seine Schätzchen auch immer sicher sind, hat er die
Kameras alle an das Internet angeschlossen und schaut jetzt
Ständig aus der Kneipe nach dem Rechten.

Und da sind wir wieder in dem Teufelskreis der IT-Sicher-
heit, in den ich noch öfter entführen könnte. Vor einigen
Jahren war die Installation solcher Geräte Fachfirmen vorbe-
halten, wobei selbst der alte Meister Hansen Probleme hatte
das zu machen.
Da hat er dann lieber ehrfürchtig den Azubi ran gelassen,
den er früher nur als den "**A**rsch **zu**m **Bi**erholen" ansah.

Heute können Sie die Teile für ein paar Euro in jedem Online-Shop kaufen. Sie werden immer kleiner, billiger und leichter zu bedienen.

Und da liegt das Problem <u>aller</u> IoT-Geräte.
Für den Benutzer heißt es, auspacken, einstecken und funktioniert. Wer schaut da noch auf die nächsten 20 Seiten in der schlecht übersetzen Bedienungsanleitung. Diese wird als "Manual" beschriftet vom Laien schon nicht als solche wahrgenommen. Wozu soll ich den Benutzernamen, der als "Admin" vorgegeben ist und das Passwort, dass "Password" lautet auch ändern?
Es funktioniert und man kann sich das ja auch gut merken.
So kann man sich dann auch mal in Thailand am Hotelrechner anmelden und nach den rapide wachsenden Kakteen daheim oder seinen Bierdosen schauen (wenn man Kalle ist). Seinen eigenen Rechner muss man nicht extra dabei haben und das Passwort ist ja leicht wie wir gerade gelesen haben.

Im Internet gibt es Suchmaschinen, die speziell solche IoT-Geräte suchen und auflisten. Wenn dann diese Zugangsdaten nicht geändert wurden, kann jeder diese Geräte nutzen, da man in einer Datenbank abfragen kann, wie der Hersteller von diesem oder jenem Gerät die Anfangs-Daten vorgegeben hat und schon ist man drin.

Gut, Sie werden jetzt sagen, dass es egal ist, wenn jemand unbemerkt und ungefragt Kalles Bierdosen über das Internet anschaut: Kalle wäre vermutlich sogar stolz und da in seinem Wohnzimmer sonst nichts passiert, ist das auch OK.
Aber wenn jeder Mensch auf der Welt die Kamera in meinem Wohnzimmer aufrufen kann, während mein Babysitter dort Ihren Freund empfängt? Oder ich zusammen mit...

Lassen wir das, sonst werden Sie rot.

Ich denke, Sie haben auch so schon verstanden. Man hat diese Kameras ja auch in anderen Bereichen stehen und da sind sie ebenso angreifbar und bergen Risiken. Aber da gehe ich wieder beim Thema Datenschutz (bestellen Sie das Buch schon heute vor, ich bin **nicht mehr** jung und brauch das Geld) drauf ein.

Noch gruseliger wird es, wenn man sieht, welche Geräte noch am Internet hängen und darüber "von jedem" erreichbar sind, sofern er die Zugangsdaten kennt oder auf besagter Webseite findet. Da ist das Babyschwimmbad einer deutschen Kleinstadt noch das harmloseste. Auch wenn man dessen Wasser von einem beliebigen Ort auf der Erde auf über 70 Grad aufheizen kann.
Na dann frieren die Kleinen Plagegeister wenigstens nicht. Oder die Medikamentenpumpe im Krankenhaus, die eigentlich nur vom Schwesternzimmer aus erreichbar sein sollte. Ein kleiner Fehler in der Konfiguration und schon kann der Hacker aus Moskau Tante Trude im kleinen Dorfkrankenhaus ins Jenseits spritzen.

Sabotage

Und? Stehen die Nachkenhaare schon hoch? Angst in die Nähe eines Computer zu kommen?
Dann leg ich mal noch eine Schaufel nach. Haben Sie mal von Stuxnet gehört? Das war der erste Computer-Virus, der auch eine physikalische Schädigung im großen Stil vorgenommen hat. Nix mit Daten löschen oder verschlüsseln.

Keine Katzenbilder, die der Computer an alle Ihre Freunde
sendet.
Nein Stuxnet war dazu entwickelt worden Industrie-Steue-
rungsanlagen eines bestimmten Herstellers anzugreifen und
zu zerstören.

Klar sagen Sie jetzt "Steuerungsanlage? Hab ich nicht, interessiert mich nicht".
Wäre auch seltsam, wenn Sie eine solche Anlage hätten und
angegriffen würden. Diese Steuerungsanlagen sind vom Einsatzgebiet sehr speziell.
Daher galt der Angriff im Jahr 2010 nämlich rein den iranischen Atomanlagen und ging vermutlich von den USA und
Israel aus.

ICH SAGTE VERMUTLICH !!!!

Die Experten sind sich nur soweit sicher, dass dieses Ding
ein Novum war. Bisher wurden immer nur Daten beschädigt
oder ins Chaos gestürzt. Jetzt ging es an die Infrastruktur
und da war nur gut, dass es zwei der großen IT-Länder waren. Denn wenn man die Steuerung eines iranischen Atom-
kraftwerkes angreifen kann, dann sicher auch ein Amerikani-
sches. Das spart dann Flugzeuge im Kamikaze-Flug.

Hacker

Im Laufe der Zeit haben sich daher drei Lager in der ver-
netzten IT gebildet.

Die Hersteller, die immer neue, bessere System entwickeln
und auf den Markt werfen und dort die Spezialisten, die auf-
getretene Sicherheitslücken stopfen.

Dann die Hacker (sprich "Häcker"), die versuchen diese Systeme zu hacken ("häcken") und damit Schaden anzurichten. Das machen sie zeitweise zum Spaß, teilweise aus krimineller Energie (Erpressung) oder im Auftrag von Geheimdiensten. So wie eben im Fall Stuxnet. Aufgrund dieser Bösartigkeit nennt man diese auch Black-Hat-Hacker (Hacker mit einem schwarzen Hut).

Eine besondere Art der Hacker sind White-Hat-Hacker (Hacker mit einem weißen Hut). Diese arbeiten bei IT-Sicherheitsfirmen und hacken Systeme, um den Herstellern die Schwachstellen zu zeigen. Aber es gibt auch Enthusiasten, die das als Hobby betreiben und dann den Firmen helfen, die Lücken zu schließen. Sofern sich diese Firmen dabei helfen lassen. Oft ist es einfach ein System vom Markt zu nehmen und durch ein neues zu ersetzen.

Das ist, als wenn Sie Ihr Auto wegwerfen sollen, weil die Bremse einen Fehler hat. Der Hersteller sagt einfach, können wir nicht reparieren, aber wir geben Ihnen einen Rabatt für ein neues Auto.

Ich will Ihnen jetzt keine Angst machen.
Nicht dass Sie alle Stecker ziehen und dabei auch den von Opas Beatmungsgerät erwischen. Aber ich will Sie sensibilisieren. Nicht alle Geräte müssen am Netz sein. Und wenn, dann sollte man sie gut konfigurieren. Was das ist?

Na stellen Sie sich vor Sie haben ein großes Haus.
Die Haustür ist sowas wie der Router in Ihrer Wohnung. Sie legen fest, ob Ihre Kinder allein nach draußen dürfen, und ob jeder hinein darf oder nur Freunde. Ihre Kinder dürfen zwar vor die Tür, aber nicht jeder der "Hallo" zu dem Kind

sagt ist ein Freund. Also nimmt Ihr Kind draußen auch keine Schokolade von Fremden an und ähnliches. Aber auch wer Ihr Vertrauen genießt und in Ihr Haus darf, muss nicht unbedingt allein in ihrem Schlafzimmer rumlaufen. Da lassen Sie die Türe doch sicher zu. Und auch die Putzfrau, die einmal die Woche kommt wird nicht über den Tresor im Schlafzimmerschrank informiert oder darüber aufgeklärt, dass der vermeintliche Kunstdruck im Wohnzimmer ein Original ist. Liegen die Autoschlüssel und die Papiere dann für die Küchenhilfe gut erreichbar aus oder hat Ihr Vertrauen da auch irgendwann Grenzen?

Sicher haben Sie jetzt das eine oder andere Mal genickt, weil Ihnen das selbstverständlich erscheint.

Aber gerade in der IT machen es die meisten so. Sie lassen die Türen für jeden offen, jeder kann rein und raus und das auch, wenn es keinen Sinn macht und allen wird vertraut. Da machen Sie sich Gedanken !?!? Machen Sie dies also zukünftig auch bei Ihrer IT.

Lesen Sie Bedienungsanleitung, Manual oder was auch immer **bis zum Ende** durch. Und rechnen Sie nicht damit, dass etwas dann dauerhaft sicher ist, nur weil es gerade funktioniert. Lesen Sie dazu auch das Kapitel "Wofür Sicherheits-Updates"

Künstliche Intelligenz

Manchmal denke ich mir "Wer braucht künstliche Intelligenz?"

Wäre es nicht ausreichend, wenn die natürliche Blödheit aussterben würde? Aber nein, wir setzen mittlerweile voll auf künstliche Intelligenz. Und unser Hirn aus.

Vor ein paar Jahren war "künstliche Intelligenz" noch, wenn der Computer anhand der Stimmlage erkannte ob eine Frau oder ein Mann mit Ihm spricht. Dementsprechend lag die Technik bei Cousine Rebecca immer falsch. Die klang dank einer Tagesration von 2 Schachteln filterloser Zigaretten und 5 Bier derber als die meisten Männer.

Heute sind wir an einem Punkt angelangt, den Hollywood vor 20 Jahren fiktiv verarbeitete. Die Maschinen reagieren auf Zuruf oder auf normal formulierte schriftliche Anfragen. Keine Stichwort-Suche wie bei den weit vorher erklärten Suchmaschinen, die auch nur tausende von Stichwort-Verweise auf andere Webseiten als Ergebnis zurückgeben. Da die richtige oder richtigste Seite zu finden ist fast unmöglich.

Nehmen wir das aktuell am weitesten verbreitete System ChatGPT. Sie stellen eine normal formulierte Frage und bekommen eine sauber und sachlich formulierte Antwort. Mehr als mancher von seinem Ehepartner erwarten kann. Wenn Ihnen danach ist, können Sie sogar darum bitten, dass ChatGPT das ganze in Dialekt schreibt.

Des freid den Schwaba ganz bsonders, dess er sich ned ansdrenga muss*

Die Dinger haben nur einen Nachteil. Zumindest aktuell
noch.
Obwohl sie futuristisch sind, kommen Sie aus der Vergangenheit. Zumindest was Ihr Wissen angeht. So kann es sein,
dass ChatGPT auf eine aktuelle politische Frage noch mit
Daten von vor einigen Wochen oder Monaten antwortet.
Also liebe Kinder, aufpassen. Prüft Eure Hausarbeit noch einmal genau, bevor Ihr sie abgebt.

Mittlerweile gibt es auch künstliche Intelligenzen, die Bilder
entwerfen oder ganze Videos. Man muss also nicht mehr
selbst verwackelte Schulungsvideos erstellen in denen man
seine Halbglatze und den Bierbauch zeigt. Stattdessen peppt
man seine langweiligen Umsatzzahlen mit einer prallen Blondine oder einem Bodybuilder im Maßanzug auf. Mimik, Ges-
tik alles passt. Auch aar- und Hautfarbe, Dialekt etc. lassen
sich auf die Zielgruppe anpassen. Da denken dann zumindest weibliche Anlegerinnen nicht über die gesunkene Dividende nach.

Aber diese neue Technik bietet auch immer mehr Risiken,
die erwähnt sein sollten. Plötzlich reden Politiker zum Beispiel genau vom Gegenteil Ihres Wahlversprechens.
OK, das ist eigentlich noch normal.
Wenn aber plötzlich der aktuelle (wir haben 2024) Gesundheitsminister nicht mehr stammelt sondern klare Sätze raus-
lässt, sollte man Verdacht schöpfen. Das bekommt eine KI-
noch nicht perfekt nachgebildet.

Es ist ein leichtes, mit solchen Bildern und Videos Stimmung
zu machen und Fehlinformationen zu verbreiten. Einmal ge-
neriert und in den Sozialen Medien geteilt, erreicht man
schnell ein Millionen-Publikum. Und glauben Sie nicht, sie

müssen dazu viel machen oder ein sogar ein Genie für
künstliche Intelligenz sein. Solche Videos können Sie auf
Webseiten erstellen, die das als Software as a Service anbieten.
Geben Sie dazu auf einer der vielen Webseiten einen kurzen
Text ein, wählen Sie ein vorgegebenes Profil oder laden Sie
das Foto eines beliebigen Gesundheitsministers, Kanzlers
oder sonst wem hoch und Minuten später ist Ihr Video erstellt und zum **Download** bereit. Das erinnert fast an die
Karikaturisten früher an den Urlaubspromenaden.

Nur schneller und umsonst.

Manchmal haben diese Bilder zwar noch Ihre Haken, aber
das passiert auch den besten Promis, wenn Sie wieder die
Cellulite an Ihren Schenkeln selbst mit Photoshop retuschie-
ren.
Plötzlich fehlt der halbe Schenkel. Und bei den komplett
künstlichen Bildern haben Sie plötzlich irgendwo eine Extre-
mität zu viel. Mal ist irgendwo im Hintergrund ein Arm ohne
Besitzer, mal hat das Front-Motiv eine Hand mit 6 Fingern.
Aber auch das Einbauen oder Verfremden eigener Bilder ist
heute nur ein paar Klicks entfernt und schon haben Sie ein
Foto Ihres Nachbarn mit einer üppigen Blondine erstellt.

Na da wird sich seine Frau aber freuen, falls er beim nächsten Parkplatzstreit mit Ihnen nicht nachgibt.

Oder Ihr Kollege, der Feierabend macht, weil der Chef gerade angerufen hat und das Wochenende eingeläutet hat:
Dazu braucht es heute nur ein paar Sekunden echten Chef-
Sprech (Tonaufzeichnung aus dem letzten Meeting oder
ähnliches) und schon können Sie dem Chef beliebige Worte

in den Mund legen. Tonstudio erforderlich? Nein. Das macht man problemlos mit jedem Handy per App.
Die KI kann Ihren proletenhaften, ungebildeten Chef dann sogar Rilke zitieren lassen.

Smilies /Emojis

Totgesagte leben länger. Und länger wird auch dieser Artikel, weshalb ich ihn entgegen erster Idee nicht im Index sondern hier am Ende des Buches platziere. In dem Begriff steckt mehr Potential als für einen kleinen Anhang im Index.

Aber kommen wir noch mal zu den Totgesagten, die länger leben. Harvey Ball lebt leider nicht länger. Der ist seit 2001 tatsächlich tot.
Sie kennen ihn nicht? Er hat, ohne es zu wissen 1963 unsere Kommunikation „vereinfacht".

Als Werbegrafiker entwarf er für eine kleine Versicherung einen Button, um die Mitarbeiter zu motivieren. Ein gelber Kreis, zwei Punkte ein gebogener Strich. Fertig war das lachende Gesicht.

Erinnert mich irgendwie an einen alten Reim aus meiner Kindheit Punkt, Punkt, Komma, Strich..)
Naja, die Button der Versicherung waren schnell vergessen. Aber irgendwann kam dann einer auf die Idee das so in einer Mail zu schreiben

:-)

Und wenn Sie dieses Buch jetzt im Uhrzeigersinn drehen bis es quer liegt, sehen sie ein lächelndes Gesicht. Der erste Smilie war geboren.

In der Folge ergaben immer neue Tastenkombinationen immer mehr Gesichter, die in Nachrichten etwas ausdrücken sollten. Es gab ja noch keine Video-Telefonie, um dem Gegenüber seine Emotionen zu zeigen.

Oftmals auch besser so !!!!

Das Emoticon (oder kurz auch Emoji) zum Ausdruck von Emotionen in einem kleinen Icon* (englisch für Bild. Symbol) war geboren.

Am Anfang waren es dann nur Gesichter wie

(bitte legen Sie das Buch wieder quer)

:-)   Das lächelnde Gesicht

:-D   Das mit offenem Mund lachende Gesicht

:-(Das traurige Gesicht

;-)   Das Augenzwinkern

:-P   Zunge herausstrecken

8-)   oder ein lachender Brillenträger

Aber es wurden immer mehr Gesichter und andere Gefühle und der Phantasie waren keine Grenzen gesetzt.

Aber es lag auch viel Interpretationsspielraum vor, so dass manche Nachrichten sicher falsch verstanden wurden. Gut, dass in Folge von Messenger-Diensten und anderen modernen Systemen diese kryptischen Zeichen in lesbare Bilder übersetzt wurden.

Und da wird es jetzt kompliziert.

"Damals war alles besser" habe ich ja schon öfter in Bezug auf die IT gesagt. Naja, besser? Zumindest einfacher!

Oder- anders!

Diese Aussage bestätigt sich wieder einmal, wenn man z.B. die Verkündungen von Unicode vom September 2021 anspricht. Ja Unicode nicht Unicorn!

Und genau das mein ich. Früher hat man mit seinen Kumpels am Grill gestanden, Bierflasche in der einen Hand, Bratwurst in der anderen und hat darüber fachlich diskutiert. Heute kommt gleich ein junges Ding dazu, Prosecco in der einen, Tofu-Wurst in der anderen Hand und quiekt „Unicorn? Die sind süß!!!!".

Sorry, Mädels, aber ich schreibe jetzt hier über UNICODE nicht Unicorn (englisch für Einhorn).

Es geht um Smilies, nicht um Einhörner.

Obwohl…

…Einhörner gibt es auch in Unicode. Geben Sie mal in Word oder Outlook U+1F984 ein und drücken dann zusammen die beiden Tasten ALT und C. Dann erscheint ein Einhorn.

"Unicode ist ein gemeinnütziges Konsortium in Kalifornien, das den Unicode-Standard (weiter-)entwickelt und herausgibt, der sich dann auch in der ISO 10646 und ISO15924 findet. Dieser hat das Ziel, dass „langfristig für jedes sinnvolle Schriftzeichen oder Textelement aller bekannten Schriftkulturen und Zeichensysteme ein digitaler Code festgelegt wird" sagt Wikipedia dazu.

Klingt ja klasse. Nur, ist das auch sinnvoll? Oder nur sinnbefreit?

Sich übergebende Smilies? Ausgestreckte Mittelfinger?

In jedem Fall hat Unicode entschieden, dass „schwangere Männer", Bohnen und Diskokugeln sinnvoll sind und veröffentlichte im September 2021 die Version 14.0 seines Codes mit diesen und 34 weiteren Emojis. Damit sind wir wieder bei „Damals", als nur wir Nerds in :-) ein Smilie erkannt haben.

Und wieso geht das jetzt so schön bunt und ohne den Monitor oder Kopf zu drehen?

Wenn wir in WhatsApp schreiben „der neue Chef ist echt zum …." dann wird statt einem sich übergebendes Emoji nur der Code 1F92E übertragen. Sie als Eingebender und Ihr lesender Empfänger sehen das übergebendes Emoji. Auf der Strecke dazwischen wird nur der Code 1F92E übertragen. Die Übersetzung dazwischen macht das Betriebssystem Ihres Handy oder sogar die einzelne App. Deshalb unterscheiden sich identische Smilies zwischen Apple und Android*. Und in diesem System dann auch wieder in den einzelnen Apps. Hier wird dem Code einfach ein Bild zugeordnet (einfach erklärt).

Auch die 1F92E können Sie mit nachfolgendem ALT+C in Word zu einem entsprechenden Emoji wandeln

Und jetzt kommt das Problem!
Wie wir alle wissen, ist die Jugend heute sehr schnell mit den Emojis und anderen Mini-Symbolen und weniger bewandert, was die normale, klare Schrift angeht. Ich vermute, meine Kinder werden sehr schnell das neue Emoji des „schwangeren Mannes" (1FAC3) für sich missbrauchen, da sie darin sicherlich mich und meinen „astralen" Leib

wiedererkennen. Ich selbst werde das Symbol vermutlich nach dem oben beschriebenen Grillen verwenden, um meinen „Füllstand" anzugeben. Und schon schalten mir WhatsApp, Facebook etc bei Verwendung eine Werbung zu Schwangerschafts- und Babyausstattung?

Und was ist mit den 3 Nieren? Oder sollen das doch Kidney-Bohnen sein?

Aber Unicode hat in seiner Version von 2021 auch noch andere wichtige Aktualisierungen implementiert. Nach Version 13 und den Schriften für das recht neue Yekgirtú und die „tote" Choresmische Sprache gibt es jetzt in Version 15 Schriften für Cypro-Minoan, Old Uyghur, Vithkuqi, Tangsa, Toto.

So werden Brücken zwischen Epochen gebaut.

Aber was will ich tatsächlich mit dem Artikel ausdrücken?

Einerseits haben wir mit den Emojis international verständliche Symbole geschaffen, andererseits kann man sie leicht fehlinterpretieren.
Und auch wenn die Bilder immer etwas anders aussehen. Es steht immer ein maschinenlesbarer Code dahinter. Das bedeutet, so bunt und wirr die Nachricht auch aussieht, man kann dennoch als Provider oder Ermittlungsbehörde mitlesen. Denn der erhält keine bunten Bilder, sondern klar zuzuordnende Codes.

Ich hoffe, Sie fanden dieses letzte Kapitel und dieses Buch
nicht

(Auswahl unterschiedlicher Gähn-Emojis der Hersteller)

Apple   Google   Face-   LG   Micro-   Sam-   Skype   WhatsApp
                 book   soft   sung

Fact am Rande: Das Icon gab es sogar schon als eikon bei den alten
Griechen mit identischer Bedeutung.

INDEX

26k-Modem

Das kann man schon fast nicht mehr erklären.

OK. Ich versuche es dennoch.

Stellen Sie sich vor sie schieben ein Spielzeugauto von Dortmund nach Schalke.

Nein, kein Krieg jetzt.

Es geht nur um die Geschwindigkeit.

Also dann eben Stuttgart nach Karlsruhe.

OK, auch blöd. Schieben Sie sich das Auto sonst wo hin und stellen sie sich eine beliebige Strecke vor, die sie mit dem Dreirad fahren. Da sind Sie ewig unterwegs.

Das damalige 26k-Modem war so ziemlich die erste Verbindung für den Laien ins Netz. Geschwindigkeit wie das erwähnte Dreirad. Sie haben Ihre Surf-Zeit nach Minuten bezahlt und waren froh, wenn eine Webseite oder Mail ohne Bilder war. Das reduzierte die Nutzungszeit ungemein.

Online gehen > Mails runterladen > offline gehen > Mails bearbeiten > Online gehen > Mails versenden > Offline gehen

Heute fahren wir die gleiche Strecke in einem Bruchteil der Zeit, weil unser Antrieb moderner ist. Die einen haben DSL, andere sogar Glasfaser.

Ein Hochglanz-Bild brauchte damals schon einmal eine zweistellige Sekundenzahl, bis es auf dem Monitor sichtbar war. Rechnet man sich das auf die heutige Auflösung eines Filmes bei Netfix oder anderen **Streaming-Diensten** hoch, müssten Sie den Film schon Wochen vorher starten, damit

er auf dem Fernseher oder Computer ist, wenn Sie ihn sehen wollen. Nix mit spontanen Videos bei TicToc, Netflix
oder sonstigen Quellen.
Und während sie mit dem Modem im "Netz" waren, war ihr
Telefonanschluss blockiert.

Wenn da die Schwester gleichzeitig mit dem Freund telefonieren wollte, konnte das schon mal "leichte Hormonentglei-
sungen" bei Ihr geben.
Gott sei dank war ich selbst Einzelkind. Man hätte Ihr ja
auch nicht eben kurz bei Amazon oder Amorelie eine "Ablen-
kung" oder können.
Die wäre total ... lassen wir das. Ein unvorstellbares Drama.

Binär

ist nichts sexuelles. Aber wie das Wort Bi schon sagt, hat es
was mit zwei zu tun. Nur sind es hier die Zahlen 1 und 0.
Mit diesen beiden Zahlen arbeiten Computer. Jede Rechnung, Jeder Buchstabe, Jedes Bild. Alles besteht nur aus den
beiden Zahlen.

Bit/Byte

Hatten wir schon mal als separates Kapitel, aber man kann
es nicht oft genug erklären. Eine 0 oder 1 im Binärsystem
nennt man Bit. Diese werden meist in Gruppen zu 8 Ziffern
zusammengefasst und nennen sich dann ein Byte. Mit einem
Byte können 256 unterschiedliche Zeichen dargestellt werden. Das reicht für so ziemlich alle Buchstaben und Sonderzeichen, die unsere „zivilisierte" Welt kennt.

Browser

Ob Firefox, Microsoft Internet Explorer, Microsoft Edge,
Opera oder sogar der mittlerweile in die Ruhestand

beförderte Netscape Navigator. Sie alle sind Browser. Dies sind Programme, die eine von Ihnen aufgerufene Webseite entsprechend der von dort übermittelten HTML, CSS oder anderen Befehle darstellt. Auch wenn seit jeher diese Befehle normiert sind, stellt doch jeder Browser eine Webseite etwas anders dar.

Nein, Sie brauchen nun keine Angst haben, dass das Foto von Mutter Teresa plötzlich nackt dargestellt wird oder der Papst plötzlich in Bermudashorts daher läuft. Es sind die Feinheiten in der Interpretation so wie zwischen Schwäbisch und Westfälisch.

Vergleichen Sie es mit einer Theateraufführung der Browser ist die Bühne und je nach Interpretation des Stücks wird die es anders dargestellt

BusSystem

Der Namensgeber des Bussystems muss Deutscher gewesen sein. Eigentlich würde die Funktion und Eigenschaft nämlich ehr dem Eisenbahnsystem entsprechen. Aber nicht in Deutschland mit seinen Ausfällen und Verspätungen.

Ein Bussystem läuft zwischen allen Geräten eines Computers als Verbindung. Jeder Punkt kann Daten abgeben und jeder andere kann sie abgreifen. So wie eine Schiene zwischen Ort A und B mit vielen Haltestellen. Über all kann wer rein und raus.

Diese Daten werden in einem festen Takt durchgeleitet, so dass die Empfängerstelle weiß, wann was von wo kommt. Die feste Verbindung wäre zwar ehr Eisenbahn als Bus, aber wie schon gesagt ist der Takt bei der Bahn sehr unrhythmisch und es kommt zu Verspätungen und Ausfällen. Das kennt man im Bus-Nahverkehr weniger.

Es wird bei Bus-Systemen noch grob zwischen seriellen und parallelen Systemen unterschieden, was aber nur die Art der Datenübermittlung beschreibt. Werden die Daten seriell übertragen, wird ein **Bit** nach dem anderen durch eine Leitung gesendet. Bei einer parallelen liegen mehrere Daten nebeneinander und werden gleichzeitig übertagen. Stellen

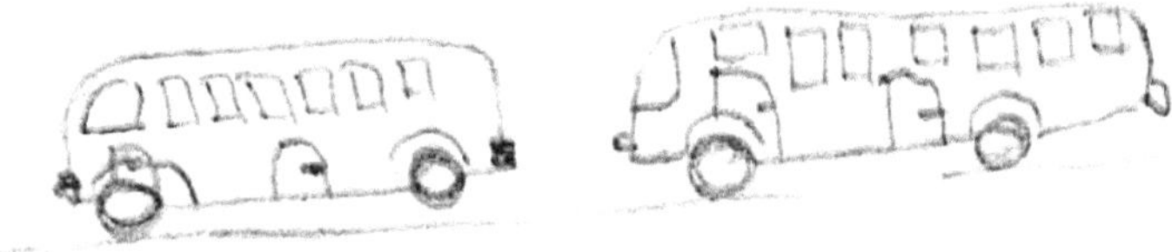

Sie es sich also wie ein Bus vor, der eine Reihe hat und alle vorne sitzen. Der Bus braucht dann zwar mehrere Fahrbahnen, dafür kann man dahinter gleich den nächsten stellen und der Stau ist sehr kurz im Vergleich zu einem schmalen Bus mit extremer Länge. Je schneller die Busse nacheinander fahren, desto mehr Personen kann ich in einer Stunde transportieren. Und beim Computer misst man die Takte je Sekunde.

Chat

Die Alten unter Ihnen/uns kennen es noch als normales Gespräch. Nur macht man das heute mit dem Computer oder Handy. Der eine schreibt, der andere liest und antwortet. Statt das Handy kurz zu nehmen, seinen Gegenüber anzurufen können die Jungen heute stundenlang schreiben, ob man sich jetzt um 19:00 am Kino trifft oder eine halbe Stunde vorher an der Bushaltestelle. Was haben wir nur früher gemacht?
Wir haben uns in der Kneipe gegenüber vom Kino getroffen, zwei Bier reingeknallt und sind dann ins Kino. Heute sitzen

sich die Teens nach dem Kino schweigend in der Kneipe gegenüber und schreiben irgendwem.
Es würde mich nicht wundern, wenn bei einer Gruppe von 6
oder 7 Jugendlichen an einem Kneipentisch, der eine oder
andere sogar seinem Gegenüber schreibt.

ChatGPT

War wohl die erste künstliche Intelligenz, die auch in den
Breiten publik wurde. Zuvor kannte man künstliche Intelligenz nur, wenn eine Blondine sich die Haare schwarz färbte.
Sorry meine Damen, der musste jetzt sein, aber hier kommt
auch sofort der Ausgleich. Früher sagte die Frau dem Mann
auf Anfrage, was richtig und falsch ist oder was er wissen
muss. Dann kam Google und heute gibt es die künstlichen
Intelligenzen. Man(n) muss nicht mehr ein Stichwort in einer
Suchmaschine wie Google eingeben und sich aus Millionen
Ergebnissen die richtige Krankheit heraussuchen. Spätestens
der Hausarzt mit seinen lediglich 14-20 Semestern Human-
medizin versucht dann das Ergebnis aus Millionen von Webseiten zu widerlegen. Einer künstlichen Intelligenz (auch
kurz KI oder englisch AI für Artificial Intelligence genannt)
kann ich einen langen Text mit allen Symptomen in normaler
Sprache schreiben und bekomme genau eine solche klare
Antwort zurück. Auf diese Antwort hin kann ich weitere Informationen liefern und bekomme so in einer Art Chat-Kom-
munikation eine immer bessere Diagnose. Und das beste ist,
dass solche KI nicht fragen ob ich Privat- oder Kassenpatient
bin. Und eine Überweisung zum nächsten System gibt es
auch nicht. Aber auch diese Systeme sind keine echten Me-
diziner. Wenn Sie sagen, Sie haben keinen Puls, müssen Sie
nicht unbedingt tot sein. Die KI sieht nur eben nicht, dass
die Kreissäge Ihr Handgelenk abgetrennt hat.

Cloud

Ist das englische Wort für Wolke und spricht sich "Klaud". So richtig erklären kann man das auf die Schnelle nicht. Das findet sich im entsprechenden Kapitel weiter vorne irgendwo drin.

Aber grob sei hier mal erklärt, Sie speichern Ihre Daten nicht auf dem Computer sondern irgendwo im Internet und wissen nicht wirklich wo. Das weiß Ihr Computer und Ihr Dienst-Anbieter. Also so, als würden Sie Ihr Geld einem beliebigen Menschen geben und sagen "leg es mir an und bring es mit Dividende zurück wenn ich es brauche".

Commodore-Generation

Hat nix mit den "Commodores" zu tun. Jenen dunkelhäufigen/maximal pigmentierten oder was weiß ich wie farbigen Schnulze-Sängern. Mir ist es egal, was die für eine Hautfarbe hatten. Deren Sound war jedenfalls zum Fummeln war definitiv besser als der von Dieter Bohlen und seinem Anhängsel Thomas. Wenn ich die zwei gehört habe, haben sich bei mir einige Körperregionen verkrampft und waren nicht mehr paarungsbereit. Da hab ich dann lieber Lionel Richies Commodores gehört oder mich gleich an den Commodore gesetzt. Das war die kurze Bezeichnung von uns vor Pre-Nerd-Zeit-Freaks für unsere Computer. Es gab damals den VC20, VC62 und VC128. Ob die wirklich einen Zusammenhang auf der Binären Verdopplung hatten ist mir schei... egal. Ich hatte den Kleinsten (Ich meine COMPUTER!!!!) und der war sowohl vom Arbeitsspeicher als auch von der Grafik schnell am Limit. Damit stand er dann ungenutzt in der Ecke und ich wieder in der Tanzschule herum. "Commodores" hören und auf Jagd gehen. Der VC20 hatte nicht mal ein Disketten-Laufwerk sondern noch Datasetten und konnte an

einem beliebigen Fernseher über die Antennen-Buche angeschlossen werden.

Datasette

Das war in der Comodore-Generation eine Speicherquelle,
weit vor Diskette, Festplatte, USB-Stick und anderen. Zumindest im heimischen Computerzeitalter. Andere Einsatz-Stät-
ten, die sich um die Finanzierung weniger einen Kopf machen mussten, hatten sowas sicher. Denn Sie brauchten
nicht nur die Kohle dafür sondern auch den Platz. Bandspei-
cher und andere waren riesig, brauchten Strom wie eine
halbe Disko und kaum bezahlbar.
Die Datasette hingegen war für den Privat-Bereich er-
schwinglich und auch klein. Sehr klein sogar. Sie war die
verkleinerte Form eines Magnetbandes. Kennen Sie auch
nicht? Doch. Die waren in jedem Hollywood-Film früher im
Hintergrund zu sehen, sahen aus wie ein Tonbandgerät in
groß und drehten sich wild hin und her.
Was ein Tonbandgerät ist, werde ich jetzt nicht erklären.
Wer dies nicht mehr kennt, ist so alt, dass er vermutlich mit
Konrad Zuse (1910-1995) im Sandkasten gesessen hat und
dementsprechend jetzt zu tot ist, um dieses Buch zu lesen.
Diese Magnetbänder dienten als Speicher der einzelnen Bits
und Bytes eines Programmes oder der erzeugten Daten und
dementsprechend wurden die hin und hergesspult. Ähnlich
verhielt es sich dann bei der Datasette. Das waren von Optik
und Funktion Musik-Cassetten, aber eben nur mit ein paar
Minuten Band. Wozu auch mehr? Die Rechner konnten eh
nicht mehr als ein paar Minuten Band verarbeiten und waren
dann am Speicher-Limit. Am Limit war ich auch oft mit meinem Vorrat an Cassetten für diese Zwecke. Dann musste
mal eben eine alte Musik-Cassette herhalten. Am Limit war
dann auch mein Vater, wenn ich wieder mal eine seiner

Bänder überschrieben hatte aber eben nicht den Titel. Dann wanderte die Elvis-LoveSongs mal in die Stereoanlage und pfeifte durch die Boxen. Ein fürchterliches Geräusch.

Downloaden

("Daunloden" zu Deutsch runterladen). Man kann im Internet sowohl Bilder ,als auch Filme, Bücher, Dateien, und vieles mehr ansehen. Wenn man sich bestimmte Bilder ansieht, dann kann man sich auch was "runterladen". Aber gut, dass ist was anderes und gehört nicht hierher.
Immer dann, wenn ich diese Daten (Bilder, Musik, Programme, etc...) dauerhaft/bewusst auf meinen Computer herunterlade und dort speichere, sprechen wir vom Downloaden.
Zwar werden die Dateien auch runtergeladen und danach wieder gelöscht, wenn ich sie nur kurz im Browser betrachte, aber das wird jetzt zu komplex zu erklären. Gehen wir also nur von der dauerhaften Nutzung aus, für die ich es bewusst runterlade.

Facebook

Das habe ich dann doch noch einmal ausführlich weiter vorne eingefügt. Im Prinzip jedoch nichts anderes als die größte SocialMedia-Plattform im Internet. Tendenz aber laut Beobachtern ehr sinkend, weil man die junge Generation nicht erreicht. Eventuell geht es Facebook dann auch eines Tages wie SchülerVZ und anderen?

HASH

(gesprochen "Häsch") ist in diesem Fall nicht die Kurzform von Haschisch und auch kein stylisches Waschmittel oder die Aufforderung die kleine Blonde aus der Buchhaltung anzufingern. Das wäre haschen und fällt mittlerweile unter sexuelle

Übergriffigkeit. Genau wie das, was der Prinz aus Schnee-
wittchen einfach mit der schlafenden gemacht hat. Nein,
man darf die nicht küssen, ohne sie vorher zu wecken und
zu fragen, ob es genehm ist. Aber dazu bitte nicht küssen.
Ein Teufelskreis. HASH ist in diesem Fall was hochwissen-
schaftliches, mathematisches. Müssen Sie aber nicht verstehen, da ich das auch nicht tu. Ich weiß wie es funktioniert
und gut.

Also grob erklärt ist der HASH eine Zeichenfolge, die mathe-
matisch aus der Kette aller Zeichen einer Datei gebildet
wird. Egal wie lang Ihr Schriftstück ist oder welches Motiv
Ihr digitales Bild enthält, es kommt immer eine identisch
lange Zeichenfolge als HASH-Wert heraus. Und der ist einmalig. Zumindest, bis er irgendwann „gebrochen" wird. Das
passiert, wenn zwei Dateien nach Verschlüsselung den gleichen Hashwert erhalten.

Die Anwendungen der Hash-Funktion zu erläutern ginge
jetzt etwas weit, aber man kann damit die Unverfälschtheit
eines Dateiinhaltes prüfen oder Passwörter sicher vergleichen ohne das eigentliche Passwort zu kennen.

HTML (Hypertext Markup Language)

Wer jetzt mit seinen rudimentären Englischkenntnissen das
Wort Language (=Sprache) liest und dahinter eine echte
Sprache versteht ist leider auf dem Holzweg. Es ist vielmehr
eine Befehlssprache um einem **Browser*** zu erläutern wie
er eine Webseite darzustellen hat. Und wie mit tatsächlichen
Sprachen verhält es sich auch hier jeder Browser stellt eine
Website dennoch leicht unterschiedlich dar im Laufe der Zeit
entwickelte sich neben dem reinen HTML die Darstellung
durch CSS und andere Möglichkeiten der grafischen Darstellung und Anpassung von Webseiten. Dies hier darzustellen
würde jedoch zu weit führen. Der sich dennoch auf den

Pfaden der Anfänge einer grafischen Webseite bewegen
möchte dem sei hier die Seite „Self HTML" ans Herz gelegt
https://wiki.selfhtml.org

ICQ

War um die Jahrtausendwende ein häufig genutzter Messanger-Dienst am PC. Am ehesten kann man ihn mit einem ver-
einfachten WhatsApp vergleichen. Auch wenn ICQ im Laufe
der Zeit durch Zusatzfunktionen massiv ausgebaut wurde,
verschwand er irgendwann in der Versenkung. Da konnte
auch eine App-Version für das Handy nichts retten. Das ist
wohl wie mit dem CB-Funk. In den Siebzigern des letzten
Jahrtausends hatte es jeder Freak im Auto aber nach der
Einführung des Handys ist es nur noch etwas für Individua-
listen. Und leider hat ICQ viele Trends und Forderungen ver-
schlafen. Ende Juni 2024 wurden bei diesem altersschwa-
chen Patienten die Maschinen abgeschaltet und er ist still
entschlafen.

Katzenbilder

Ich weiß auch nicht genau, woher dieser Begriff kommt. Es
gab eine Zeit in den sozialen Medien, in denen es modern
war, Fotos seiner Hausiere (besonders seiner Katzen) zu
posten. Und alle fanden das so süß. Naja, ich steh nicht so
auf Katzen. Ehr auf Rottweiler, die auf Katzen stehen.
Aber wenn man irgendwo etwas präsentieren will und hat
keinen echten Inhalt, greifen viele auf diese Katzenbilder als
Platzhalter zu.

Konrad Zuse

Er war DER deutsche Pionier der IT und hat das heutige
System eines frei programmierbaren Computers entworfen.

Wenn auch noch mit Relais, Spulen und Zahnrädern. Riesig und mit massivem Stromverbrauch.

Link

Ein Link ist grob gesehen ein Verweis. Nicht im Sinne von Rüge und Tadel sondern von „Schau mal da geht es weiter". Oder auch nicht. Korrekt wäre sogar die Bezeichnung Hyperlink, Aber wir wissen ja dass alles weniger wird. So auch bei den Worten.

Wenn wir auf einer Webseite oder in einem Dokument etwas lesen und dann ein Text unterstrichen vorkommt, heißt dies im Netz nicht unbedingt, dass der besonders wichtig ist sondern nur, dass es irgendwo anders weiter zu diesem Thema geht und man noch mehr sehen kann. Wo das ist, sehen wir, wenn wir die Maus auf diesen Text halten aber noch nicht darauf klicken. Aber es muss nicht einfach ein Text sein, den man als Weiterleitung einsetzt. Es kann auch das grell bunt blinkende Logo oder Foto sein. Wir sehen es auch dann wenn wir mit der Maus darüber gehen und sich unser Pfeil in eine Hand mit Zeigefinger verändert.

Nerd

(gesprochen "Nörd") Das ist schon so wie es klingt. Ein "krankes" Individuum. Genauer gesagt sind es meist junge, überwiegend männliche Personen, die äußerst intelligent aber sozial isoliert sind. Sie hocken nur vor dem  Computer, haben keine Freunde (außer andere Nerds) und interessieren sich wenig für die schönen Dinge des Lebens. Oft geht diese Isolation sogar soweit, dass Sie die Erfindung von Waschmaschine, Dusche und anderen

Alltagsgegenstände versäumt haben aber dafür jede neue Prozessor-Generation als erster ausgetestet haben.
Es sei darauf hingewiesen, dass eine Verzicht auf Teilnahme an den Sozialen Medien noch keine soziale Isolation ist. Sonst wäre meine Mama auch ein Nerd. Die macht das Ganze noch oldschool und redet mit den Menschen auf der Straße.
Ich weiß, für manche junge Menschen sicher eine grausige Vorstellung.

SchülerVZ

Eine deutsche Antwort auf die SocialMedia-Plattform Facebook, die sich nicht durchgesetzt hat und eingestellt wurde. Auch andere folgten diesem Beispiel. Nicht dem von Facebook, sondern dass sie eingestellt wurden. So konnte der Marktführer seine Position in eine Monopolstellung ausbauen. Aber Ehre, wem Ehre gebührt. Die Köpfe des Meta-Konzerns, zu dem neben Facebook auch Instagramm und WhatsApp gehören, waren clever. Sie gaben dem Volk, was es wollte und wussten auch negatives gut zu verkaufen. Ein Zuckerberg in der deutschen Regierung wäre eine zweite DDR. Nur, dass keiner sich beschwert und seine Stasi-Akte mit Fleiß selbst schreiben würde.

Server

Die Funktionen eines Server (englisch gesprochen "Sörwer") kann man sich eigentlich einfach merken. Er serviert etwas. Im Grunde ist er ein Computer mit einem sehr großen Speicher und viel Leistung um allen gelichzeitig zu dienen. Auf diesen können Sie dann über das Internet oder nur in einem Firmennetzwerk zugreifen. Auf diesem Speicher können Daten wie Bilder und Textdateien, aber auch eigene Programme gespeichert sein, auf die sie dann Zugriff haben.

Shitstorm

Zu Deutsch ein „Scheiss-Sturm". Damit ist aber nicht gemeint, dass sich der friesische Bauer Hansen über Windstärke 12 ein wenig mokiert.
Es ist ehr echte Scheisse und die gibt es meist in den sozialen Medien. Ja, ich weiß. Die gibt es da immer. Aber ein Shitstorm ist schon was Besonderes.
Stellen Sie sich vor, Sie äußern sich in einem Sozialen Netz wie Facebook oder einem Diskussionsforum „etwas" positiv zu bestimmten Erziehungsmethoden an Kindern, die nach Ansicht anderer nicht mehr zeitgemäß sind. Statt zu diskutieren, werden Sie angefeindet, übelstes beleidigt, beschimpf, bedroht. Viele Menschen haben dies kennengelernt, als Sie während der Corona-Pandemie eine andere Meinung zum Impfen hatten als die Mehrheit im heimischen Dorf. Hexenverbrennung war gestern.

Smilie

Sorry, das war dann doch nicht mal eben so ein kleiner Beitrag…
Ich habe es kurzfristig in ein separates Kapitel am Ende des Buches geschoben und nicht mehr geschafft diese Zeile anzupassen. :-)

StudiVZ

Siehe SchülerVZ.Genauso tot, genauso entscheidend. Damals wie heute.

Streaming-Dienst

Die bekanntesten Streaming-Dienste sind wohl Amazon Prime, Netflix, Disney+. Aber es gibt unzählige weitere nationale oder auf besondere Programme spezialisierte Anbieter. Diese bieten VideoOnDemand zu Deutsch „Video auf Abruf". Kennen Sie noch die Zeiten, als sonntags beim Abendessen Hektik daheim aufkam? 20:15 kam der Tatort und vorher mussten die Kinder noch gewaschen und ins Bett gesteckt werden. Heute ist das egal. Da startet man den Film auf einem dieser Portale, wann man will. Und wenn die Kinder 10-mal aus dem Bett kommen (weil Durst, nicht müde, etc.) hält man ihn eben auch 10 Mal an und flucht nicht die halbe Nacht, weil man die Auflösung des Mord-Motives verpasst hat.

Werkenntwen.de

Tot. Siehe SchülerVZ

WhatsApp

Oh Gott. Asche auf mein Haupt. Das Ding hätte ich schon fast vergessen. Klar, das gehört ja mehr zu meinem täglichen Leben als Frau und Kinder.
Zur Wichtigkeit im Verhältnis zum Beruf sag ich nix, da ich am nächsten Ersten noch auf der Gehaltsliste stehen will.
Mittlerweile ist WhatsApp mehr als nur ein Messanger-Dienst (Also ein Dienst für Nachrichten). Das Teil war mal als einfache Zukunft der SMS gedacht und mausert sich mittlerweile zu einem eigenen All-in-One (Alles-in-einem). Wohin das führt, sieht man in China. Die haben schon ein solches Programm namens „WeChat". Mit dem organisiert dieses kleine Volk von grad mal etwas mehr als einer Milliarde Menschen seinen ganzen Staat. Man kommuniziert, plant, bucht, zahlt....

Im Prinzip ist WhatsApp eine Methode der Kommunikation zwischen einem oder mehreren Handys zu führen und das wahlweise mit Text-Eingabe, Sprachnachrichten oder Sprach- oder Videoanrufen. Man kann Dateien mitsenden und bei Unachtsamkeit mal schnell seine Karriere ruinieren. Schon so mancher hat auf dem Heimweg von der Weihnachtsfeier mit 2 Promille dem Chef noch schnell eine Sprachnachricht gesendet, die nicht mit „frohes Fest" geendet hat.
Und mancher Chef hat daheim die Kündigung bekommen, nachdem seine Frau die Weihnachtsgrüße der Assistentin gelesen hat. Die Bilder werden nämlich nicht nur in WhatsApp angezeigt, sondern auch in die Familien-Cloud kopiert.

Alles zu Ihrer Sicherheit.

ÜBER MICH (GANZ KURZ)

Ich wurde 1969 in einer westfälischen Kleinstadt namens Schwelm geboren und war schon immer von jeglicher Technik begeistert. Weihnachten 1982 bekam ich meinen ersten Home-Computer und war sofort für alle Familienmitglieder und Freunde der "Experte". Ich war nie der Beste. Aber schon damals konnte ich es den weniger Begabten gut erklären.

1989 zog ich nach abgeschlossenere Ausbildung in die Tech-Metropole Stuttgart und begann dort als Elektroniker bei einem großen Automobil-Zulieferer in der Entwicklung. Schnell war ich für die Betreuung von Auszubildenden im Betriebsdurchlauf zuständig und wechselte nach einigen Jahren und der Techniker-Schule in die IT. Auch hier schätzen die Anwender meine Art, Ihnen Probleme mit einfachen Beispielen und einer guten Prise westfälischem Humor einfach zu erklären.

Auch in meiner aktuellen Tätigkeit im Bereich Datenschutz und Informationssicherheit nutze ich diese Form der Kommunikation und Awareness, woraus auch der Wusch aufkam, ich möge es doch mal mit allgemeinen Themen probieren. Den ersten Versuch halten Sie nun in den Händen.

Und es gibt noch viel mehr zu erklären

Nicht nur in der